10 PASOS PARA TRIUNFAR EN EL NETWORK MARKETING

DR. CAMILO CRUZ

AUTOR DEL BESTSELLER LA VACA CON MÁS DE 2 MILLONES DE EJEMPLARES VENDIDOS

10 PASOS PARA TRIUNFAR EN EL NETWORK MARKETING

TALLER DEL ÉXITO

10 pasos para triunfar en el Network Marketing

Copyright © - Dr. Camilo Cruz

Copyright © 2017, Taller del Éxito, Inc.,
Sunrise, FL 33323, U.S.A.
Teléfono: 954-846-9494

Reservados todos los derechos. Ninguna parte de esta publicación puede ser reproducida, distribuida o transmitida por ninguna forma o medio incluyendo fotocopiado, grabación o cualquier otro método electrónico o mecánico sin la autorización previa por escrito del autor o editor excepto en el caso de breves reseñas utilizadas en críticas literarias y ciertos usos no comerciales dispuestos por la Ley de Derechos de Autor.

Publicado por:
Taller del Éxito, Inc.
Sunrise, Florida 33323
Estados Unidos
www.tallerdelexito.com

Editorial dedicada a la difusión de libros y audiolibros de desarrollo y crecimiento personal, liderazgo y motivación.

Diseño de carátula: Carla Bórquez Carrillo
Diagramación: Giselle Selva Rodriguez

ISBN: 9781607388807

25 26 27 28 29 R|GIN 10 09 08 07 06

Contenido

Prólogo 9

Paso 1
Todo comienza con definir el futuro que
quieres vivir 13

Paso 2
Para que cualquier cosa suceda primero
hay que hacer algo... 31

Paso 3
¡La única manera de perder es renunciar
y darte por vencido!... 51

Paso 4
La importancia de ayudar a otros a creer
en ellos mismos 69

Paso 5
Elimina las distracciones y enfócate en tu negocio 83

Paso 6
Comienza donde estás 99

Paso 7

Un negocio de gente ayudando gente
a ayudar gente 113

Paso 8

El arte de evitar que los problemas se
conviertan en crisis...127

Paso 9

No importa que te caigas siete veces mientras
que te levantes ocho 139

Paso 10

El éxito no es cuestión de suerte sino
de planear y tomar acción 159

Prólogo

Durante más de dos décadas he tenido la fortuna de compartir con miles de empresarios y distribuidores de la industria del mercadeo multinivel y la venta directa en los eventos a los que he sido invitado a participar como conferencista en Estados Unidos, Europa y Latinoamérica. He escuchado a muchos de estos emprendedores hablar con orgullo y pasión de sus éxitos, sus retos, sus logros más significativos y sus momentos más difíciles. Es indudable que en los últimos 20 años la industria de *network marketing* o mercadeo por redes, como también es conocida, ha experimentado una de las épocas de mayor crecimiento de su historia. Millones de distribuidores a nivel mundial son prueba de que esta es sin duda una gran alternativa para todo aquel que desea establecer un negocio que le permita lograr la libertad financiera.

Sin embargo, ya sea que estés construyendo una red de mercadeo o no, creo que a todos nos intriga saber qué hace que algunos emprendedores alcancen niveles extraordinarios de éxito, no solo en los negocios, sino también a nivel personal, profesional y económico. ¿Cuál es la diferencia entre ese pequeño porcentaje de individuos que logra la libertad financiera y alcanza los objetivos que se ha propuesto y el inmenso porcentaje de gente que parece no avanzar hacia el logro de sus metas y con el tiempo termina dándose por vencida?

Como observador del comportamiento humano siempre he sentido una gran admiración por el talento de quienes han logrado desarrollar negocios multimillonarios con redes de mercadeo que se extienden por varios países e involucran a cientos de miles de personas. ¿Cuál ha sido el secreto de su éxito? ¿Cuál es su visión del mundo? ¿Cómo empezaron? ¿Qué necesitaron aprender? ¿Qué decisiones debieron tomar a lo largo del camino? ¿Cuál ha sido el factor fundamental para el éxito de su negocio?

Estos fueron algunos de los interrogantes que me propuse responder. Sin embargo, puesto que no quiero que este libro se quede en simples planteamientos teóricos, sino que aporte estrategias de acción que cualquiera que esté construyendo una red de mercadeo pueda llevar a la práctica de manera inmediata, decidí que cada capítulo revelara uno de esos pasos que los grandes líderes de la industria consideran ineludibles para el desarrollo de un negocio exitoso.

Siempre me he considerado un estudiante asiduo del éxito. Creo que el éxito deja huellas que nos permiten aprender de las experiencias de otros. También creo que el éxito que muchos empresarios han tenido en el desarrollo de sus redes de mercadeo no ha sido el resultado de la suerte o la coincidencia, ni de haber entrado al negocio unos años antes que los demás, ni de estar en el mercado correcto en el momento oportuno, sino que es el efecto de haber estudiado y puesto en acción un sistema que ya había ayudado a otros a triunfar, y que por ende es duplicable.

Lo que encontrarás a lo largo de este libro es producto de más de 20 años de investigar, analizar, estudiar y ver en acción estos pasos ineludibles que les han permitido a algunos emprendedores —armados únicamente con un sueño y un profundo deseo de triunfar— construir negocios multimillonarios e influir de manera positiva en la vida de millones de personas.

Durante el tiempo que me tomó escribir esta obra tuve la oportunidad de consultar un gran número de libros llenos de estrategias y enseñanzas que tienen como fin alimentar el espíritu emprendedor de cada lector y ayudarle a convertirse en el líder que su organización necesita. He citado algunos de estos libros porque considero que son verdaderos cofres de ideas sobre cómo construir un negocio exitoso.

Una última advertencia: el orden en el cual los pasos han sido presentados en el libro no responde a ningún patrón o jerarquía especial ni es representativo de su nivel de importancia para el desarrollo de tu negocio. De hecho, la disposición ha sido más o menos arbitraria. ¿La razón? Todos son igualmente importantes. Mi intención es que se conviertan en material de consulta cada vez que necesites ideas específicas sobre cómo responder a algún reto que estés enfrentando o cuando desees saber cómo llevar tu negocio al próximo nivel. Espero que disfrutes esta lectura y confió en que las ideas aquí expuestas te sirvan para triunfar en una industria que sin duda continuará produciendo miles de historias de éxito en los años por venir.

Gracias por tu tiempo y como siempre, ¡nos vemos en la cumbre del éxito!

Camilo Cruz

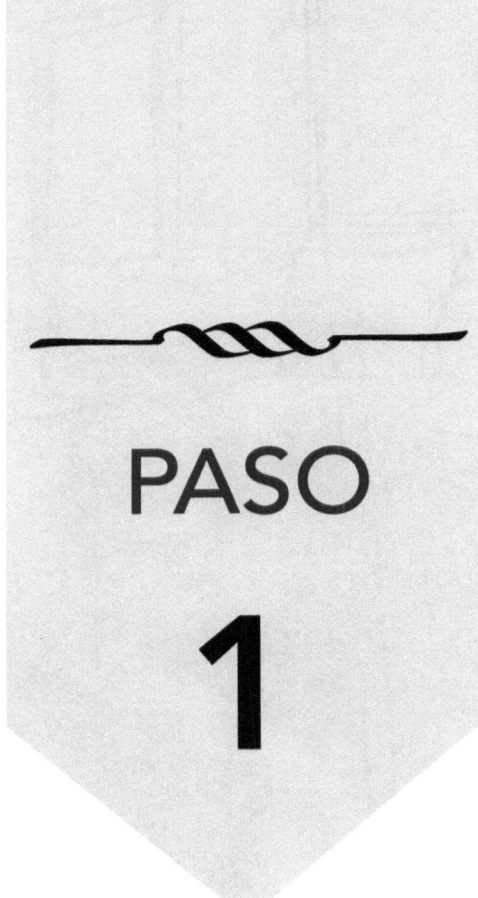

PASO 1

Todo comienza con definir el futuro que quieres vivir

¿Te has detenido a pensar acerca de la clase de vida que quieres tener? ¿Cómo ves tu futuro? ¿Cuál es tu sensación cuando piensas que durante los próximos cinco o diez años continuarás haciendo lo que haces ahora? ¿Tienes un proyecto de vida definido con el cual estás comprometido de verdad?

Muchos de los emprendedores que comienzan un negocio de multinivel lo hacen porque anhelan cambiar algún aspecto de su vida: tener más tiempo para disfrutar con su familia, mejorar su situación financiera, ser su propio jefe o encontrar una profesión que les permita tener mayor interacción con otras personas. La gran mayoría de ellos está cansada de la monotonía de su trabajo y ve su negocio como un vehículo que le permitirá realizar dichos cambios.

Cualquiera que sea la razón por la cual has decidido comenzar tu negocio, si no determinas qué es lo que buscas, es imposible concebir un plan de trabajo. Piénsalo, no es viable desarrollar un plan de acción para lograr algo que aún no has identificado. Sin saber lo que deseas es absurdo planear. Es lo mismo que tratar de jugar un partido de fútbol sin arcos: ¿hacia dónde corres? ¿A qué lado de la cancha pateas el balón? ¿Cómo anotas goles? ¿Cuál es entonces el propósito del juego? Jugar de esa manera sería una actividad sin mayor sentido, ¿no crees? Pronto te cansarías de correr sin ningún propósito y renunciarías. Lo mismo sucede con tu negocio: si no tienes metas claras, muy pronto te cansarás y te darás por vencido.

De manera que el primer reto que enfrentas es decidir qué es lo que deseas alcanzar con tu negocio. ¿Quieres prosperar, generar nuevos ingresos, crear una gran empresa, salir de deudas, ser tu propio jefe? Los triunfadores en el negocio a multinivel no tienen ningún problema en responder estos interrogantes. La pregunta es: ¿estás tú en capacidad de responderlos? ¿Puedes cerrar los ojos y crear en tu mente una imagen clara de cómo quieres que sea tu vida ahora que estás al frente de un negocio y eres tu propio jefe? ¿Sabes a ciencia cierta cómo anhelas que sea tu vida familiar? ¿Cómo y en qué piensas? ¿Cómo te sientes? ¿Cómo hablas? ¿Cómo manejas tus finanzas? ¿Cómo es tu estilo de vida?

El primer paso cuando empiezas tu negocio es determinar con absoluta claridad qué es lo que quieres alcanzar. Todos terminamos en alguna parte, ya sea a propósito o no. El problema es que, si no decides dónde deseas terminar, alguien más decidirá por ti. Solo cuando sepas qué es lo que quieres estarás en la capacidad de elaborar el plan para llegar allá.

¿A qué le dices sí y a qué le dices no?

El hecho de tener una visión clara de lo que buscas te ayuda a tomar mejores decisiones y contribuye a determinar cuales oportunidades aceptas y cuales rechazas. En el lanzamiento de su libro *Millonario en un minuto*, Mark Victor Hansen compartió conmigo una de las historias que incluyó en su obra, una anécdota que ilustra muy bien la manera en que una visión concreta de nuestros sueños influye en las decisiones que tomemos.

Cuenta Hansen que en 1974 Sylvester Stallone era un guionista y actor desanimado que se encontraba en la ruina. Sin embargo, después de asistir a un encuentro de boxeo se sintió inspirado por un boxeador desconocido que recorrió el mismo camino de Mohammed Ali, así que volvió pronto a casa y en una explosión de creatividad produjo el primer borrador del guión titulado *Rocky*.

Usando sus últimos $100 dólares, Stallone le envió el guión a su agente. Para sorpresa suya, un estudio cinematográfico le ofreció $20 mil dólares y propuso a Ryan O'Neal o a Burt Reynolds como protagonistas. Stallone estaba emocionado con la oferta, pero había un pequeño problema: él quería ser el protagonista, así que se ofreció a actuar de manera gratuita. La respuesta era de esperarse: "Así no es como funcionan las cosas en Hollywood". Entonces él decidió rechazar la oferta pese a que necesitaba el dinero con gran urgencia.

La oferta subió a $80 mil dólares, con la condición de que no fuera él el protagonista. De nuevo Stallone la rechazó. Entonces el estudio le anunció que Robert Redford estaba interesado en el papel protagónico y que en ese caso le pagarían $200 mil dólares, y una vez más él los rechazó convencido por entero de lo que en realidad quería.

El precio por el guion se elevó a $300 mil dólares, pero él manifestó que no quería pasarse el resto de su vida preguntándose "¿qué hubiera pasado si...?" El estudio llevó la oferta a $330 mil dólares, a lo cual él respondió que si él no la protagonizaba prefería no ver la película realizada.

Ante su insistencia el estudio decidió dejarlo actuar y le pagó $20 mil dólares por el guion más el sueldo mínimo de un actor, que era de $340 dólares semanales.

En lugar de ganar los $330 mil dólares que hubiese obtenido por el guion, Stallone aceptó esto último aunque después de pagar la comisión de su agente, los impuestos y demás gastos, solo le quedaron $6 mil dólares.

Sin embargo, en 1976 Stallone fue nominado al premio de la Academia como mejor actor, y la película *Rocky* obtuvo tres premios Óscar por: mejor película, mejor director y mejor edición.

Desde entonces, la serie *Rocky* ha generado más de mil millones de dólares en ganancias, convirtiendo a Silvester Stallone en una de las estrellas más cotizadas de Hollywood. Stallone sabía lo que quería y estaba preparado a hacer cualquier sacrificio con el fin de obtenerlo.

De igual manera, si tú deseas prosperar, debes concentrarte en lo que quieres, tienes que elegir, tomar una decisión y actuar. Nada sucederá hasta que te comprometas con un propósito que responda a lo que en realidad deseas lograr en la vida. ¿Qué deseas lograr con tu negocio? ¿Responde alguna de las siguientes declaraciones a lo que buscas?:

- ¡Me comprometo a ser próspero y obtener una vida de abundancia!

- ¡Me comprometo a crear una gran empresa que ayude a otros!

- ¡Me comprometo a generar grandes ingresos y lograr la libertad financiera!

Si no es así, ¿qué quieres? Piénsalo, si no sabes lo que quieres, ¿cómo lo reconocerás cuando lo veas?

¿Qué tipo de negocio deseas construir? Recuerda que el negocio que construyas responde a la imagen mental que hayas creado de él. Si lo único que logras visualizar es un negocio que incluya a algunos de tus familiares y que no se extienda más allá de tu vecindario, en virtud de dicha decisión estarás coartando la posibilidad de construir un negocio internacional que les sirva a cientos o miles de distribuidores. No te contentes con decir:

"Bueno, el tiempo dirá... Será lo que Dios quiera...".

A veces no nos tomamos el tiempo para pensar qué es lo que de verdad queremos. Creemos que más o menos sabemos lo que es, pero no dedicamos el tiempo necesario para definirlo con absoluta claridad. Este es un paso esencial para desarrollar un negocio exitoso.

¿Qué quieres de la vida? Debes decidir: ¿qué negocio quieres? ¿Cuánto deseas ganar? ¿Qué auto quieres conducir? ¿Dónde quieres vivir? Piensa en grande. No te contentes con sueños pequeños ni vayas directo a pensar que "es imposible... Que es demasiado... Que no será posible lograrlo".

Sylvester Stallone no podía darse el lujo de rechazar una oferta de $20 mil dólares (mucho menos una de $330 mil). Todo comienza con decidirte. Lo demás es cuestión de tiempo, de tomar decisiones, planear, aportar y crecer. Pero si no tienes claridad en lo que quieres, ¿cómo llegarás allá?

Metas borrosas producen resultados borrosos

En el mundo del mercadeo en red, la claridad con la que veas tus sueños suele convertirse en una de las mejores herramientas de persuasión al momento de compartir tu oportunidad de negocio. ¿A qué me refiero? Es evidente que si tú no logras ayudarle a un distribuidor potencial a definir qué es lo que él quiere alcanzar en su vida las posibilidades de que le vendas la idea de empezar un negocio son mínimas. Si él no tiene un sueño, una meta específica que desee lograr, ¿qué te hace pensar que sacará tiempo para invertirlo en una nueva actividad?

Por esta razón, lo primero que debes ayudarle a hacer a alguien que está evaluando la oportunidad de negocio por primera vez es a encontrar esa meta, ese gran sueño que lo ponga en acción, que lo ayude a eliminar sus excusas y lo anime a empezar su negocio; algo que le dé la fortaleza y tenacidad para enfrentar todos los retos que con seguridad encontrará a lo largo del camino. ¿Cómo lograrlo?

Una manera de hacerlo es teniendo claro cuáles son los sueños que te impulsaron a ti a tomar acción. Cuando lo sabes, utilizas ese conocimiento como herramienta para ayudarles a los demás a decidirse. Se dice que en 1983 Steve Jobs, Fundador de Apple, convenció al Director Ejecutivo de Pepsi, John Scully, para que asumiera las riendas de Apple haciéndole esta pregunta: "¿Quieres pasar el resto de tu vida vendiendo agua azucarada o prefieres una oportunidad para cambiar el mundo?". Jobs llevó a Scully a comprender cuál era su situación en ese momento y lo hizo pensar en qué era lo que él más quería en la vida.

No te conformes con una "vida de agua azucarada" cuando en el fondo de tu corazón lo que en verdad quieres es cambiar el mundo. Pero, si tu visión de lo que quieres alcanzar es solo un conjunto de ideas borrosas, los resultados que obtendrás con seguridad también serán borrosos.

¿Qué es lo que de verdad quieres para tu futuro? Hace poco le hice esta pregunta a un grupo de estudiantes prontos a graduarse y la respuesta que más escuché fue que esa era "una pregunta difícil de responder". No estoy de acuerdo. Yo sé qué es lo que quiero en la vida, y si yo lo sé, ¿qué te impide a ti saberlo? Sé que quiero continuar creciendo, aspiro a influir positivamente en la vida de otras personas, pretendo vivir una vida plena, lograr la libertad financiera y ayudarles a otros a reconocer su propia grandeza. ¿Cómo? A través de mis libros, mis conferencias y de todos los demás medios que estén a mi alcance.

Estoy convencido de que para triunfar en cualquier área —incluyendo tu negocio— debes primero saber con certeza qué es lo que en realidad quieres lograr. Si no sabes hacia donde te diriges, ¿cómo llegarás allá? ¿Y cómo sabrás si has llegado o no?

Uno de los grandes retos que encuentran muchos nuevos distribuidores al empezar en este campo es que a menudo creen saber qué es lo que quieren, pero cuando les pides que lo expresen en palabras, que lo escriban, que lo definan en términos específicos, se dan cuenta de que no tienen la menor idea de por dónde empezar. Por lo general se limitan a decir "quiero ser rico" o "quiero triunfar", lo cual no es tan específico como para darles la firmeza y la persistencia necesarias para construir su propia empresa.

En su libro *Mentalidad millonaria*, Pat Mesiti cuenta una experiencia que nos ayuda a comprender la importancia de determinar qué es lo que queremos. Pat narra que en una ocasión se encontraba realizando una presentación y durante un receso fue a buscar un café. Iba rumbo a la cafetería cuando un hombre más bien corpulento y con apariencia de indigente se le acercó y le preguntó si tenía algo de cambio. Pat le preguntó: "¿Quiere cambio o quiere dólares?".

El hombre lo miró y sorprendido le contestó: "¿Está bromeando?".

"No, hablo en serio", le respondió Pat. "Quiero saber con exactitud qué es lo que de verdad quiere".

"Quiero comprar algo de comida", manifestó. "Y si usted me da algo de cambio, podré comprarme un emparedado".

Ante esto, Pat le propuso: "¿Qué tal si le compro una comida completa?".

Esta idea le gustó al hombre, así que Pat lo llevó a una tienda y le compró una buena cantidad de comida y además le dio $10 dólares. El hombre le agradeció y cada uno siguió su camino.

Al día siguiente Pat se encontraba en el vestíbulo del hotel cuando otro indigente se le acercó y le preguntó si tenía algo de cambio que le regalara. Entonces Pat le hizo la misma pregunta que le había hecho al hombre del día anterior: "¿Quiere cambio o quiere dólares?".

"Quiero comprar algo de comida", respondió él.

"¡Muy bien!", repuso Pat. "Permítame llevarlo a una tienda y le compraré algo de comer".

Sin embargo, el hombre le dijo: "¡No, no! ¡Solo deme el dinero!".

"¿Sabe qué, amigo? Yo nací una noche, pero no fue anoche", le respondió Pat. "Si quiere comida, vamos a la tienda y le compraré comida".

"¡Hombre, solo necesito algo de cambio!", alegó el sujeto con cierta frustración y se marchó.

Pat cuenta que vio cuando el hombre salió del vestíbulo del hotel y estando afuera se le acercó a una dama que resultó ser una de las delegadas de la conferencia, le pidió algo de cambio y ella le ofreció algo de comida, un emparedado y una fruta que acababa de comprar. Lo increíble es que él los rechazó diciendo: "¡No, no quiero eso!".

¿No es curioso que quieras algo y cuando te lo ofrecen lo rechazas porque en realidad no sabes qué es lo que quieres? Es muy común que no sepamos la respuesta a esta pregunta tan sencilla pero tan importante.

Muchos de nosotros decimos: "No sé qué es lo que quiero, pero sí sé qué es lo que no quiero. De hecho, es probable que muchas de las personas que escuchan la oportunidad de negocio por primera vez se encuentren en dicha situación. No saben lo que quieren, pero saben lo que ya no quieren ver mas en su vida. El problema es que saber lo que no quieres no te llevará a ninguna parte, debes conocer con precisión qué es lo que ambicionas para expresarlo con claridad y luego cimentar sobre ese conocimiento las decisiones que tomes.

Debemos tener claridad sobre lo que queremos alcanzar

Tuve la oportunidad de conocer a Pat Mesiti en una convención en que los dos participamos como conferencistas hace varios años. Allí le escuché un par de historias sobre cómo la claridad con que veamos nuestro futuro nos permite desarrollar una mentalidad de abundancia. La primera de ellas le ocurrió en California mientras visitaba a un joven de unos 19 años que estaba muriendo de sida.

Cuenta Pat que al acercarse a la sala del hospital se escuchaba el sonido de un jadeo en un esfuerzo por respirar. Sonaba más como un animal que como un ser humano. Cuando se acercó descubrió que el sonido provenía del joven a quien iba a visitar. El sida había devastado por completo su cuerpo.

Al entrar a su habitación, el que se suponía que debía ser un joven de 19 años de edad parecía un anciano de 95. Había perdido todo su cabello y tenía lesiones en un lado de su rostro. Uno de sus ojos estaba cerrado por completo y su cara estaba amoratada, se le dificultaba respirar y solo pudieron hablar hasta después de que la enfermera lo ayudó a sentarse.

"¿Steve, cómo te encuentras?", le preguntó Pat. "No muy bien", le contestó el chico con tono triste y ronco.

Pat le preguntó si la medicina le estaba ayudando, pero él lo negó y luego agregó: "Un pastor vino ayer y oró para que todos recibiéramos sanidad".

"¿Alguien se sanó?", indagó Pat y luego agregó: "Quizá no creas en milagros, ¡pero tú mismo eres un milagro!". "No. Nadie se ha sanado", respondió el joven con una mirada de tristeza e ira.

Cuenta Pat que entonces le hizo la pregunta más absurda que se le pudo haber ocurrido hacerle a un joven cuya vida ha sido destrozada y consumida por esta horrible enfermedad: "Steve, ¿acaso no quieres recibir sanidad?". Sin embargo, la respuesta del chico fue algo que Pat jamás ha podido olvidar. Steve lo miró —su cara maltratada y llena de lesiones; el ojo, cerrado por completo— y con lagrimas en los ojos le dijo: "No señor. No quiero sanidad. ¡Solo quiero que me amen!".

Cuando escuché esta historia pensé: Steve por lo menos sabía lo que quería. La pregunta es: ¿lo sabes tú? Durante las semanas de vida que le quedaban a Steve, Pat se aseguró de que estuviera rodeado de amigos y recibiera los abrazos de amor que tanto anhelaba.

Es una tragedia que la mayoría de personas vaya por la vida y no sepa expresar en una sola frase lo que más desea. ¿Sabes tú qué es lo que deseas más que cualquier otra cosa? ¿Puedes definirlo? ¿Has tomado el tiempo para describirlo claramente? Es indudable que si logras definir lo que quieres, será mucho más fácil obtenerlo.

En uno de los capítulos de su libro *Mentalidad Millonaria*, Pat Mesiti escribe de cuando solía dirigir un programa de ayuda para la rehabilitación de drogadictos que tenía una taza de éxito del 86%. El lema de su programa era "convertir pesadillas en sueños" y mediante él contribuyó a que cerca de 400 jóvenes salieran de la adicción a la heroína, la cocaína y otros narcóticos.

Cuando ellos estaban prontos a graduarse, les preguntaba: "¿Cómo ves tu mundo cuando salgas de aquí? ¿Cómo ves tu futuro cuando termines este programa?". Estos chicos debían definir lo que querían antes de finalizar el programa. Ellos solían responder: "Bien, me veo libre de las drogas, feliz, estoy con mis padres, y mi madre me está abrazando...".

Esta es la clave del éxito. Cuando ya hayas decidido qué es lo que quieres, las decisiones que tomes para llegar allá serán mucho más sencillas. Pat sabía que si estos chicos no lograban visualizar su futuro, los vendedores de drogas lo harían por ellos.

Un día una señora llegó a las oficinas del programa y dijo: "He venido a recoger mi sueño". Pat dice que no logró comprender de inmediato a qué se refería ella, así que le preguntó: "¿Usted ha venido a recoger su sueño?".

"Sí", respondió ella. "A Robbie, mi hijo. Él ingresó aquí hace nueve meses y era una pesadilla. Ya se graduó y se ha convertido en un sueño. ¿Dónde está? ¿Dónde está mi sueño? ¿Dónde está mi hijo?". ¡Qué palabras tan bellas y estimulantes!

¿Cuál es tu problema, tu pesadilla? Lo único que algunos de estos chicos necesitaban era pensar de otra manera. Hay incontables centros de desintoxicación, muchos con bajos porcentajes de éxito. Como dice Pat: "No tenemos un problema de drogas, tenemos un problema de visión. Los jóvenes con esperanza y con futuro no se inyectan droga en las venas".

Sin duda una visión clara de tu futuro te inspirará a superar cualquier reto que estés enfrentando en el presente. Pregúntaselo a cualquier jugador olímpico que haya ganado una medalla de oro, y estará de acuerdo. El gozo de esa medalla hace que todo el dolor del entrenamiento previo se vuelva casi insignificante.

Muchas personas se preocupan demasiado por cómo se darán sus planes en lugar de concentrarse en el propósito de los mismos y en creer que de verdad sí se van a hacer realidad. Si tienes una razón para actuar, encontrarás un camino. Muchos no encuentran una razón porque se asustan tanto ante las heridas del pasado que no alcanzan a creer que sus planes producirán frutos. Así que el primer puerto de escala para una mentalidad próspera es definir con claridad tu porqué, tu propósito, tu sueño.

Este es el mismo proceso que debe ocurrir cuando auspicias a un nuevo distribuidor en tu organización. Debes ayudarle a descubrir su porqué, a encontrar las razones y los propósitos que le hicieron empezar su negocio. De no ser así, ten la plena seguridad de que él estará enfocado en el precio que está pagando, preocupado con cómo se darán sus planes o si será capaz de sacar adelante su negocio o no. Recuerda que cuando estamos enfocados en nuestros sueños, los temores tienden a perder su poder. Sin embargo, si nuestro enfoque está en nuestros temores, será imposible ver nuestros sueños. ¿Qué prefieres, que tu nuevo distribuidor esté motivado por sus sueños o por sus temores?

Puntos de acción

1. Quienes comienzan un negocio de multinivel lo hacen porque desean cambiar algún aspecto de su vida. Desean tener más tiempo para disfrutar con su familia, quieren mejorar su situación financiera, anhelan ser sus propios jefes, buscan una profesión que les permita interactuar con otras personas, están cansados de la monotonía de su trabajo actual y por lo tanto ven el negocio como el vehículo que les ayudará a realizar dichos cambios. ¿Cuáles han sido tus razones? Toma un momento para pensar acerca de la clase de vida que quieres. ¿Cómo ves tu futuro? ¿Tienes un proyecto de vida definido con el cual estás comprometido? ¿Puedes cerrar los ojos y crear en tu mente una imagen clara de cómo quisieras ver tu vida? Si no es así, ¿qué esperas?

2. ¿Qué tipo de negocio anhelas construir? Recuerda que el negocio que construyas responde a la imagen mental que hayas creado de él. Si no tienes claro lo que deseas lograr con tu empresa, lo más probable es que no logres alcanzarlo. Si no posees metas claras, muy pronto te cansarás y te darás por vencido. Es más, si no consigues ayudarles a quienes auspicias en tu negocio a hacer lo mismo, con seguridad ellos correrán la misma suerte. Ten presente que si tus patrocinados no tienen un sueño, una meta específica que deseen lograr, lo más seguro es que no inviertan el tiempo para desarrollar su negocio.

Así que esa debe ser una meta primordial: ayudarle a quien está evaluando la oportunidad de negocio por primera vez a identificar ese gran sueño que lo ponga en acción, que le ayude a eliminar sus excusas y lo anime a empezar su negocio. Y la única manera de hacerlo es si tú tienes claros los sueños que te impulsaron a tomar acción.

PASO

2

Para que cualquier cosa suceda primero hay que hacer algo

La vaca más grande con la que debe lidiar el emprendedor que recién empieza su negocio de multinivel es la tendencia a posponer aquellas actividades vitales para triunfar en su negocio: prospectar, auspiciar, compartir la oportunidad, vender y trabajar con la gente que pertenece a su organización para ayudarla a crecer. Quien ha leído mi libro *La vaca* sabe que las vacas representan las excusas, pretextos, creencias o justificaciones que nos mantienen atados a una vida de mediocridad y nos impiden lograr nuestras metas.

Todo distribuidor que ha decidido empezar su negocio de mercadeo por redes sabe que uno de los grandes retos que enfrentan los empresarios y distribuidores independientes es superar sus propias limitaciones. En lugar de tratar de superarlas, muchos optan por no afrontarlas posponiendo todo aquello que presente la menor dificultad.

¿Por qué esta tendencia a posponer? Es sencillo: muchas de las actividades asociadas con el negocio son nuevas para el distribuidor inexperto, lo sacan de su zona de comodidad, lo retan y a veces lo confrontan con sus mayores debilidades. Entonces lo más cómodo es posponerlas, evitarlas o dejarlas para después. Muchos nuevos emprendedores llegan a convencerse de que el día de mañana presenta mejores perspectivas para resolver lo que sea que los incomoda, cuando la verdadera razón para posponer, en la mayoría de los casos, es su falta de resolución para lidiar con la situación que tienen en frente.

De esta manera, muchos dilatan a diario ciertas actividades que les implican un mayor esfuerzo o presentan algún riesgo, y optan por evitarlas aun sabiendo que en ellas se centra el éxito de su negocio. Aplazan reuniones con nuevos prospectos para evitar la posibilidad de un rechazo a sus propuestas o sistemáticamente posponen compartir su oportunidad de negocio para no confrontar su temor de hablar en público.

Albert Einstein decía: "Para que cualquier cosa suceda, primero hay que hacer algo". Sé que suena simple, pero que difícil resulta a veces entender que nada ocurre a menos que actuemos. Ningún problema se soluciona, ninguna realidad cambia ni ningún negocio crece sin acción decidida. Muchos de nosotros hemos caído víctimas del "nunca hagas hoy lo que puedas dejar para mañana". Pensamos que hoy no es el mejor día para actuar y buscamos convencernos de que, pese a que queremos triunfar, lo más prudente es esperar. Y es así como tarde o temprano terminamos pagando un precio alto por nuestra pereza. ¿Quieres triunfar… Qué esperas? Si estás esperando a tener el plan perfecto, es probable que tengas que esperar por siempre.

El llamado es simple: Haz algo… ¡Haz lo que sea, pero hazlo ya!

Si estás esperando a tener el plan perfecto, es probable que tengas que esperar por siempre. Actuar con prontitud nos ayuda a superar cualquier reto o dificultad sin importar lo difícil que parezca.

Hace algunos años, por ejemplo, una fundación en Estados Unidos publicó un aviso acerca del estado del medio ambiente. Luego de presentar estadísticas y hechos desastrosos acerca del estado del planeta, acompañados de imágenes y videos, el aviso terminaba con un llamado relativamente sencillo: "Haz algo, ¡haz lo que sea!".

Estoy de acuerdo. No es necesario tener un plan de acción totalmente claro antes de comenzar. Es más importante dar un primer paso. El plan irá tomando forma en la medida en que actuemos. Lo primordial es evitar caer víctimas de la idea de que "si vale la pena hacer algo, es necesario hacerlo perfectamente bien o evitar hacerlo". Esta forma de pensar sabotea nuestro éxito ya que nos hace sentir que en este momento no estamos en posición de hacer las cosas tan bien como debiéramos; nos hace creer que no nos será posible dedicarle a esta nueva actividad todo el tiempo que merece y que lo mejor es dejarla para después. Esta actitud nos paraliza y terminamos por creer que, si no estamos en posición de dar el 100%, es preferible abandonar el proyecto. De esa manera, por miedo a no tener la seguridad de vencer en todas las batallas, optamos por no ganar ninguna. ¿Ves lo trágico de esta situación? Es una trampa que nos condena a la perpetua inactividad.

Tú no tienes que saber cómo hacer algo a la perfección, ni contar con las condiciones óptimas, antes de empezar. Es más, la única forma de llegar a hacer algo bien es si asumes el riesgo de abordarlo cuando aún no lo haces tan bien. En otras palabras, si vale la pena hacer algo, es preferible empezar haciéndolo pobremente hasta que aprendas a hacerlo bien, pero comenzar ya mismo; empieza desde donde te encuentres en este preciso instante.

Cuando escucho las historias de emprendedores y empresarios exitosos en el multinivel, y en cualquier otro campo, me doy cuenta de que uno de los mayores enemigos del cambio es nuestra necesidad de tener un plan perfecto antes de comenzar a actuar. Pensamos que sin un plan claro para alcanzar nuestras metas nos quedaremos a la orilla del camino y es posible que permanezcamos allí por años. Lo que no nos detenemos a considerar es que podemos pasar años enteros esperando por el plan perfecto, cuando lo que en realidad necesitamos es empezar.

El mejor consejo para aquellos que vean la necesidad de realizar un cambio en su vida es sencillo: comiencen a hacer algo, lo que sea. Lo importante es entender que no podemos empezar desde no estamos. Así que dondequiera que te encuentres, ese es el mejor punto de inicio. Siempre he dicho que un plan pobre que ejecutes hoy es mucho mejor que un plan extraordinario que jamás lleves a la práctica. Cualquier acción que rompa la inercia y te ponga en movimiento es la mejor opción para superar el reto que estés enfrentando, por difícil que este parezca.

En su libro *Marca la diferencia* John Izzo nos da un extraordinario ejemplo de cómo, atreviéndose a dar un primer paso, un sacerdote y un pequeño grupo de ciudadanos transformaron una de las peores barriadas del mundo. Quise compartir este ejemplo, pese a que no tiene nada que ver con el mundo de los negocios, porque nos muestra que cualquier meta, por irrealizable que parezca, es posible si tenemos el valor de pensar en grande y la voluntad de hacer lo que esté a nuestro alcance para lograrla.

Transformando el lugar más violento del planeta

A veces ese primer paso es solo comenzar a intercambiar ideas. De hecho, uno de los pasos más poderosos que necesitamos dar es lograr que la gente comience a compartir cómo es que quiere que sea su futuro.

En 1996 las Naciones Unidas publicó el hecho de que Jardim Ângela, una barriada de São Paulo, Brasil, era uno de los lugares más violentos del planeta. Ese y otros dos distritos, Capão Redondo y Jardim São Luis, eran considerados por la Policía Civil de São Paulo como el triángulo de la muerte. Esta área de 300.000 habitantes llegó a tener en 1996 un promedio de asesinatos más alto que la mayoría de zonas de guerra: 538 muertos solo ese año, la mayoría de ellos, adolescentes. La presencia de la Policía consistía más que todo en pelotones de agentes armados realizando redadas nocturnas enfocadas en crímenes relacionados con las drogas. Las escuelas, la comunidad y su juventud quedaron atrapadas en un ciclo de violencia y desesperanza.

Jaime Crowe, sacerdote irlandés residente de aquel distrito durante casi una década, fue testigo de ese ciclo de desesperanza que se generó en la zona. No había un solo día en que no caminara por los alrededores de la parroquia sin tropezarse con dos o tres cadáveres. La gente no se inmutaba, pasaba por encima de un cuerpo sin vida, cubierto con un periódico, para ir al bar a tomarse un trago. Los niños decían que no valía la pena vivir.

Con frecuencia llega el momento en que la gente ya ha aguantado demasiado y alguien decide que hay que hacer algo así no haya un plan concreto para arreglar el problema. Es decir, alguien tiene que decidir que va a actuar incluso antes de saber qué pasos debe dar para cambiar el estado de las cosas.

Para el padre Crowe ese primer paso ocurrió cuando se propuso organizar una marcha hacia el cementerio donde muchas de las víctimas habían sido enterradas. Un promedio de 5.000 personas se unieron a esa "Marcha por la paz y la vida". Ese mismo año el padre Crowe y otros líderes de la comunidad comenzaron una reunión semanal llamada "El foro para la defensa de la vida", el cual unió a líderes, policías y profesores. El propósito del encuentro era generar ideas sobre cómo afrontar los muchos retos comunitarios. Al comienzo todo lo que ellos podían hacer era hablar, pero hablar es con frecuencia un acto precursor a la obtención de un cambio.

A estas conversaciones semanales se fueron uniendo agencias de ayuda internacional, líderes municipales y cientos de residentes de la zona. Comenzaron a surgir opiniones sobre cómo acabar la violencia, y de esa manera, poco a poco, se fueron poniendo en acción medidas para erradicar el problema.

Una de las primeras conclusiones que surgió fue la necesidad crucial de hacer algo con respecto a las escuelas, las cuales se volvieron muy peligrosas en esa vecindad y ofrecían una educación demasiado básica, a veces durante unas pocas horas diarias, provocando con ello mucha desesperanza de mejores oportunidades para la juventud. Muchos chicos de tan solo 12 y 13 años de edad abandonaban sus estudios y comenzaban a involucrarse en el negocio de las drogas. La revitalización de las escuelas pronto comenzó a dar fruto. Las aulas de clase empezaron a llenarse, no solo de estudiantes jóvenes, sino también de adultos y adolescentes que querían una mejor vida.

Otro aspecto de mucha importancia fue la participación de la Policía. Era obvio que los residentes les temían tanto a ellos como a las bandas puesto que muchos oficiales se vieron implicados en miles de crímenes en las barriadas de São Paulo. Los residentes querían que la fuerza pública se integrara a la comunidad en lugar de actuar en su contra. Incluso los altos mandos de la Policía comenzaron a asistir a las reuniones y estuvieron de acuerdo con ideas que la vecindad proponía. En 1998, después de dos años de presión durante esas reuniones, la Policía abrió una estación en el distrito y comenzó a practicar la política de "comunidad policiva".

Sobra decir que los resultados de esas reuniones no fueron instantáneos. En 1996 hubo 538 muertes y en el 2001 incluso había aumentado. Pero en el 2002 el distrito comenzó a ver una reducción significativa en los homicidios: 254 ese año, 212 en el 2003, 172 en el 2004, 119 en el 2005, y solo 91 durante el 2006. Eso equivale al 83% de reducción de la criminalidad. Más importante aún es el hecho de que una comunidad vibrante surgió a lo largo del proceso. La marcha por la paz y la vida todavía se realiza cada año y las reuniones semanales también, pasando de un promedio de 5.000 participantes a unos 25.000.

El punto de esta historia es que como enfatiza John Izzo, marcar la diferencia con frecuencia significa simplemente hablar acerca del futuro. No hay necesidad de un plan perfecto ni de siquiera saber a donde nos llevará el proceso. Lo que se requiere es de un deseo de generar cambios y de la intención de ganar aliados que también actúen para lograrlos.

Quería compartir esta historia porque ilustra algunos de los puntos más importantes sobre cómo el hacer algo, cualquier cosa, tiende a transformar nuestra vida.

Primero, la importancia de saber reconocer esa voz interior que nos dice: "¡Basta ya! Ya he aguantado demasiado. Es hora de hacer algo, así no exista un plan específico para arreglar el problema". Es decir, debemos decidir que vamos a actuar incluso antes de saber qué pasos vamos a dar para cambiar lo que sea que deseamos cambiar.

Segundo, el primer paso no siempre tiene que resolver el problema, lo importante es que nos ponga en movimiento. Para el padre Crowe ese primer paso fue la marcha que organizó. Esta fue su manera de decir: "Ya no podemos permanecer mudos un día más".

Si tu negocio está muriendo por falta de acción, da un paso, por pequeño que sea, para sacarlo del lugar en que se ha quedado estancado. No tienes que proponerte crear un volumen de ventas gigantesco de la noche a la mañana, pero comienza compartiendo tu producto con una o dos personas esta semana. ¿Ves? Son estos pequeños pasos los que nos ponen en movimiento hacia acciones mayores.

Esto nos lleva al tercer punto, y es entender que, lo mismo que los resultados de esas reuniones del padre Crowe no fueron instantáneos, es posible que los resultados del paso que des no le den un vuelco total a tu negocio, pero poco a poco te sacarán de la inercia. Para Crowe la marcha dio paso a conversaciones semanales que poco a poco se fueron expandiendo y llamaron la atención de agencias de ayuda internacional y de líderes municipales hasta que pronto se llenaron de cientos de residentes de la zona.

Alguna vez un empresario me dijo: "Lo importante es darle un pequeño empujón a tu negocio para que se ponga en movimiento. Nadie quiere subirse a un tren que está quieto y no va para ningún lado, pero échalo a andar y verás como la gente comienza a animarse y a subirse en él".

Cómo un pequeño grupo de trabajadores transformó un hospital

Obvio, muchos de nosotros no estamos tratando de transformar una barriada en donde los asesinatos forman parte del diario vivir. Pero a lo mejor estamos en una escuela en la que la cultura del irrespeto y el matoneo se han vuelto la norma; o vivimos en un vecindario en el que la basura abunda o pertenecemos en una organización en la que el pobre servicio y la falta de ética son una realidad permitida. O a lo mejor, todo lo que deseamos es cambiar nuestra situación financiera o sacar nuestro negocio de la inactividad en que se encuentra. Sin embargo, sin tener en cuenta la clase de reto, el principio de hacer algo —así solo sea comenzar— es crítico.

En *Marca la diferencia* John Izzo presenta un ejemplo maravilloso de la manera como un pequeño paso logra producir resultados extraordinarios. El caso en cuestión ocurrió en el Hospital Mercy de Sioux City, Iowa. Este hospital tiene una larga historia de servicio a la comunidad, pero, para la época en que Peter Makowski fue nombrado nuevo Director General, la reputación del hospital se había opacado. La calidad del servicio y la ética se fueron deteriorando, las relaciones con la comunidad médica estaban en el punto más bajo y el dicho en la calle era: "Si estás demasiado enfermo y no hay otra opción, ve a Mercy, pero si quieres que te atiendan con aprecio y respeto, ve a otra parte". El hospital estaba perdiendo posición en el mercado, y en los pasillos de Mercy se observaban muy pocas caras amigables. Aunque el hospital todavía brindaba cuidados de muy buena calidad, la gente le decía a Makowski que "el espíritu de Mercy" se había perdido.

Transformar una organización con una ética pobre y mal servicio intentando devolverle su antigua buena reputación parece un reto por completo distinto al de devolverle la esperanza al lugar más violento del planeta, pero en ambos casos la solución implica que la gente se reúna a planear un futuro diferente aunque no haya un plan claro de cómo lograrlo. Makowski comenzó reuniéndose con su equipo de líderes y compartiendo con ellos su visión acerca de un mejor futuro para el Mercy. Durante meses se reunieron y discutieron sobre lo que querían lograr y qué se requería para devolverle al hospital su buen nombre.

Aun así, uno de los pasos más importantes en la transformación del hospital no tuvo nada que ver con los líderes del hospital sino con un grupo de empleados de primera línea quienes le preguntaron al director del hospital si había la posibilidad de reunirse semana a semana durante su tiempo libre. El grupo se llamó a sí mismo el "Comité de reanimación del hospital". Igual que esos residentes del comité de reuniones en São Paulo, este grupo no tenía idea de cómo lograr los cambios deseados. Lo único que tenían claro era que estaban cansados de la baja moral, el pobre servicio y tantas caras insatisfechas, y por eso querían producir un cambio.

Además ellos fueron lo suficientemente ingenuos para pensar que podían hacer algo al respecto.

Durante un año se reunieron a compartir sus ideas. Muchos empleados tomaron riesgos personales relacionados con el hecho de querer marcar la diferencia. Tuvieron que pasar por alto los comentarios malintencionados de algunos compañeros que afirmaban que ellos solo estaban buscando la aprobación de los jefes. Enfrentaron el tener que denunciar a algunos líderes del hospital que dificultaban el desarrollo de un ambiente de trabajo más positivo.

Un día, este "Comité de reanimación" lanzó la idea de hacer una campaña para mejorar la actitud del personal retando a cada miembro con premisas muy sencillas como: "Elige tu actitud" y "Alégrale el día a alguien". En el término de pocos años más miembros del personal se fueron uniendo, el mercado mejoró, el hospital ganó premios de calidad, y lo más importante de todo: la gente de la comunidad comenzó a reconocer la nueva atmósfera que se vivía en Mercy Hospital.

Por una parte, esta es solo otra historia acerca de un gerente y un equipo de trabajo que supieron cambiar a punta de actitud positiva y acción el curso de una organización. Pero a un nivel más profundo es la historia de individuos que eligieron marcar la diferencia incluso antes de tener un plan concreto para hacer ese cambio, un pequeño grupo de empleados que arriesgó ponerse en ridículo para lograr su cometido. Pero en términos generales, es en realidad la historia de lo que ocurre cuando la gente se une y comienza a pensar en un futuro distinto.

Muchas veces creemos que las personas que están evaluando nuestra oportunidad de negocio están interesadas en la historia de la compañía, en las cifras y los porcentajes, o en la composición química de nuestros productos, pero lo cierto es que la razón principal por la que la gran mayoría de ellas está ahí es porque desea realizar un cambio a su situación actual. Ellas quieren, en realidad, ser retadas a pensar en un futuro diferente.

¡Empezar es más de la mitad del camino!

Piensa en el poder de esta simple frase: "Haz algo... ¡haz lo que sea!". Cualquier estudiante en una escuela en la que el matoneo sea en la actualidad la norma tiene derecho a iniciar un movimiento en defensa por la paz escolar. También está en capacidad de empezar por organizar una asamblea y hacer que las ideas de los demás estudiantes fluyan en busca de soluciones. Cualquier residente de una área determinada puede crear una junta comunitaria para planear cómo limpiar su vecindad.

Piensa en esto por un instante: todo lo positivo que se logra comienza siempre porque alguien dio el primer paso. Casi nada de lo que se consigue comenzó con un proyecto detallado. Tampoco hay seguridad de que tus conversaciones te lleven a un plan coherente, pero es casi garantizado que nada pasará si alguien no comienza a manifestarse. Hacer algo... lo que sea, es la clave para marcar la diferencia. Casi todo logro comienza con alguien que decidió hacer algo. A lo mejor no fue lo ideal, pero por lo menos puso a rodar la pelota.

Piensa en algo que te gustaría cambiar ahora mismo. Alguna circunstancia acerca de tu vida, de tu negocio, de tu comunidad. Ahora piensa en algo que estés en capacidad de hacer hoy para comenzar a crear ese cambio. Visualiza una reunión con tu líder auspiciador y tu grupo para determinar una estrategia que te permita duplicar el tamaño de tu red de mercadeo en los próximos dos meses. ¿Qué vas a hacer para darle comienzo a todo esto? Piensa en una acción que puedas realizar hoy mismo que te permita echar a rodar la pelota. Puede ser algo sencillo. Lo importante es que cambie el *status quo* y te ponga en movimiento.

En alguna ocasión Richard Carlton, autor del libro *No te ahogues en un vaso de agua*, hablaba de hacer ejercicio, así que le preguntó a la audiencia cuánta gente siempre había querido hacer ejercicio pero nunca lo hizo. Como te imaginarás, casi un 80% de la audiencia levantó la mano.

Entonces Carlson dijo: "Quiero hacer una propuesta que, si la implementan, en el trascurso de dos semanas estarán haciendo ejercicio de manera regular. Comiencen mañana tan pronto se despierten. Colóquense al lado de su cama y hagan cinco abdominales. Háganlos durante dos semanas seguidas temprano en la mañana al lado de su cama y luego, cuando alguien les pregunte si hacen ejercicio en forma regular, ustedes ya pueden contestar: 'Sí, es lo primero que hago en la mañana'".

Yo sé que esto parece absurdo ya que cinco abdominales no van a lograr que nadie se ponga en forma. Pero piensa por un momento en lo que sí lograrán. Muchos de nosotros tenemos la intención de hacer ejercicio de manera regular pero estamos esperando al plan perfecto:

contar con suficiente tiempo, comprarnos un buen par de tenis y estar registrados en un gimnasio. Cinco abdominales no parecen mucho, pero son un buen comienzo para proseguir con algo más. Hacerlos a diario nos ayuda a comenzar el día de manera diferente y a cambiar nuestra actitud hacia el ejercicio. No lograrán que perdamos 10 libras, pero a menudo es con estos pasos pequeños y simbólicos que comenzamos a marcar la diferencia.

Jardim Ângela comenzó a cambiar la noche en que aquellos ciudadanos se reunieron con el padre Crowe a hablar acerca del futuro. Mercy Hospital se puso en camino hacia recuperar su visión social en el mismo momento en que esos empleados se ofrecieron como voluntarios para jugársela y cambiar sus circunstancias. Cinco abdominales no cambiarán tu vida, pero son un comienzo.

¿Cuál es el siguiente paso? Haz algo... ¡lo que sea, pero hazlo ya mismo! Si quieres esperar hasta tener el plan perfecto, lo más seguro es que en cinco años estés en el mismo sitio donde estás hoy, o inclusive que hayas retrocedido un buen trecho.

Así que encuentra algo, piensa en alguna área de tu negocio en la cual sabes que necesitas lograr cambios. Una vez la hayas identificado, no creas que debes desarrollar un plan a cinco o diez años sobre cómo te propones cambiar (eso viene después). En lugar de intentar desarrollar el plan ideal identifica algo que puedas comenzar a hacer de inmediato para moverte en la dirección adecuada hacia lo que quieres mejorar.

Recuerda que en el multinivel el progreso siempre es medible. Así que elige un paso por medio del cual midas: ¿cuántas veces a la semana compartirás tu oportunidad de negocio con otros? ¿Cuál va a ser tu volumen de ventas este mes? ¿Cuántas personas te propones auspiciar en los próximos quince días?

Olvídate de todo lo que no estás en capacidad de controlar. No pierdas ni un solo minuto hablando acerca de cómo otros necesitan cambiar. En lugar de eso, enfócate en lo que tú vas a hacer para cambiar tu negocio, en los pasos que darás, no importa qué tan insignificantes o pequeños te parezcan.

Por último, olvídate de lo que no hiciste en el pasado. Deja que sea tu visión del futuro la que te guíe. Hablar del futuro es un excelente precedente de cambios extraordinarios.

Puntos de acción

1. La vaca (excusa, pretexto, justificación) más grande con la que lidia el emprendedor que recién empieza su negocio de multinivel es la tendencia a posponer lo que necesita hacer para triunfar en su nueva empresa. ¿Por qué esta tendencia a posponer? Es sencillo: muchas de las actividades asociadas con el negocio son desconocidas para el empresario novato, lo sacan de su zona de comodidad y lo retan a realizar actividades con las que se siente incómodo. Toma un tiempo para determinar cuáles son las excusas y los pretextos que no te están dejando avanzar en tu negocio. Préstale atención a tu diálogo interior. ¿Qué temores y dudas se encuentran detrás de esas excusas? Más importante aún, ¿qué vas a hacer al respecto? ¿Vas a permitir que sean tus miedos los que dictaminen tu futuro?

2. Asegúrate de traducir todas tus metas a mediano y largo plazo en acciones específicas que vas empezar a realizar hoy mismo. Recuerda que cualquier meta que no se traduce en acciones inmediatas no es una buena meta. Identifica actividades puntuales en tu negocio que comenzarás a realizar de inmediato para moverte en la dirección adecuada hacia lo que quieres mejorar; tareas concretas, medibles, realizables y efectivas: ¿cuántas veces a la semana compartirás tu oportunidad de negocio con otros?

¿Cuál será tu volumen de ventas este mes? ¿Cuántas personas te propones auspiciar en los próximos quince días? ¿Cuántos miembros de tu organización llevarás a la próxima convención? ¡Sé específico!

PASO 3

¡La única manera de perder es renunciar y darte por vencido!

En el negocio multinivel las caídas son eventos circunstanciales, son parte del proceso de crecimiento y no una señal de que debes renunciar ni de que lo que estás haciendo es una locura. De hecho, los fracasos, por aparatosos que sean, tienen una razón de ser. Están ahí para enseñarte algo; como resultado de ellos aprendes, cambias y creces. Por eso las caídas son grandes maestras. Sin embargo, el hecho de renunciar es definitivo. Renuncias porque decidiste prestarle más atención a tus fracasos y a tus dudas que a tus metas y a tus sueños. Es así de simple. Por eso, para mí, renunciar jamás es una opción.

Cuando escribí *Cómo comunicarnos en público con poder, entusiasmo y efectividad* elegí empezar el libro con una anécdota del gran estadista Winston Churchill y uno de sus discursos más famosos. Se dice que en aquella ocasión fue invitado a dirigirse a los alumnos de Harrow, la escuela de su infancia. Luego de ser presentado ante cientos de oyentes que esperaban con ansias uno más de sus inspiradores mensajes, el Primer Ministro se levantó, tomó con una mano la solapa de su abrigo, colocó la otra en su espalda y pronunció uno de los discursos más breves y significativos que hayan sido pronunciados por gobernante alguno.

Mirando a aquellos que serían los futuros líderes de Inglaterra, Winston Churchill les dijo:

"Nunca, nunca se den por vencidos. Nunca se den por vencidos en nada que sea grande o pequeño, sublime o trivial. Nunca se den por vencidos. ¡Nunca, nunca, nunca!".

Tras lo cual el Primer Ministro miró con solemnidad a sus atónitos jóvenes oyentes y volvió a sentarse sin decir más. La verdad, no es claro cuánto tiempo duró el discurso, supongo que fue mucho más que los quince segundos que toma pronunciar las anteriores palabras. Sin embargo, el mensaje y el espíritu detrás de él están claros.

Como quiera que lo llames —pasión, esfuerzo, motivación, perseverancia, tenacidad, creatividad—, adherirse como pegante a una tarea hasta que la termines es un componente importante para el éxito de cualquier negocio.

No obstante, con frecuencia en el negocio de redes de mercadeo, al principio muchas cosas nos parecen muy difíciles o imposibles de lograr. No creemos contar con las habilidades para llevar a cabo las tareas que hacen que el negocio funcione. Y la verdad es que cuando algo te parece imposible, a menudo lo haces a medias o ni siquiera lo intentas. Dejas que el temor y la inseguridad se apoderen de ti. Entonces, cuando las cosas no funcionan, dices: "Ves, te dije que no lo lograría. ¡Yo sabía que era imposible! ¡Sabía que esto no era para mí!" Esa es la famosa profecía autorrealizada.

Por esto se hace imprescindible que ante una nueva tarea en el negocio, antes de decir "imposible", te tomes un momento para pensarlo y te formules algunas preguntas importantes como por ejemplo: ¿cómo lograré ser más eficiente en la realización de esta tarea? ¿Cuáles de mis talentos y habilidades me ayudarán a desempeñar mejor esta labor? ¿Cómo hago para lograr que esto sea mejor la próxima vez? ¿Cómo voy a obtener los resultados que busco?" No trabajes sin evaluar y reevaluar con cierta periodicidad lo que estás haciendo.

Los atributos de la perseverancia

En su libro *De lo promedio a lo extraordinario* Laura Stack comparte seis características que las personas extraordinarias se esfuerzan por desarrollar. Cuando leí este libro lo primero que pensé fue: "He aquí seis atributos que pueden transformar cualquier negocio".

1. **Inspiración.** De lo que se trata la inspiración es de abrir de par en par las puertas de tu mente y dejar

que nuevas ideas se desplacen en tu interior. Así que, ¡amplía tus horizontes mentales! Aprende siempre y mantente abierto a nuevas perspectivas. A veces vemos a algún líder del negocio en el escenario durante una convención, o lo observamos mientras comparte la oportunidad de negocio, y sentimos que nunca lo haremos tan bien como él; pensamos que no tenemos ese mismo carisma y concluimos que jamás lograremos expresarnos de esa manera ni conseguiremos inspirar a nadie.

Parece extraño, pero la inspiración requiere de esfuerzo. Lo más seguro es que lo que ves en ese líder inspirador haya sido el resultado de su esfuerzo, dedicación y persistencia por largo tiempo. No es que él haya nacido inspirado ni que heredó su carisma. Lo más seguro es que su éxito ha requerido esfuerzo, que debió desarrollar nuevas perspectivas sobre sí mismo y sobre su negocio y todo esto es lo que ha producido la fuente inagotable de inspiración de la que él extrae conocimiento constante.

Hacer el esfuerzo para mantenerte inspirado también te permitirá completar tareas que no creíste posibles. Al aplicar el conocimiento de otras áreas o actividades a tus nuevos proyectos eres capaz de concebir nuevas soluciones. Algo que a largo plazo pagará buenos dividendos en tu negocio.

2. **Motivación.** Toda la inspiración del mundo no logrará nada, si no reúnes la energía motivadora para ejecutarla. Pregúntate: ¿qué te inspira y te mantiene trabajando con diligencia todo el día? ¿Qué te lleva

a pasar de la inspiración a la acción? Identifica tus fuentes de motivación. Cuando encuentres aquello que te hace vibrar y se te ponga la piel de gallina de la emoción, irás más allá, aun cuando te enfrentes a tareas tediosas o desagradables.

Este es un punto vital en el multinivel porque lo cierto es que no todas las tareas en el negocio son motivantes. De hecho, algunas requieren de un gran esfuerzo y voluntad al realizarlas, no son fáciles ni siempre nos resultan cómodas. Por esto debe haber algo grande que nos motive a llevarlas a cabo aun cuando preferiríamos hacerlas a un lado. Esta es la razón por la cual jamás debemos subestimar nuestra lista de sueños. Ten la plena seguridad de que en ocasiones lo único que te motivará a realizar ciertas tareas en tu negocio es esa lista y la posibilidad de ver esos sueños realizados.

3. **Audacia.** Ser audaz te lleva lejos. Laura cuenta que si alguna vez estás en Nueva York viendo la obra de Broadway, *Wicked*, es posible que te toque encontrarte con una empleada del teatro cuya audacia la ha hecho famosa. Sus ingresos están basados en propinas, así que durante el breve intermedio del show ella se asegura de estar junto a los baños dirigiendo el tráfico, llamando a los asistentes cuando el siguiente baño está libre, animándolos a todos a que se apuren para que quienes lo necesiten logren entrar al baño en ese corto lapso de tiempo. También está ahí ofreciendo toallas de papel justo después de que te lavas las manos.

La mujer es bulliciosa y divertida, pero le cae bien a los asistentes y ellos le dan muchas propinas. No haría daño imitarla, ¿no crees? Después de todo, una de las primeras lecciones que aprendes en el multinivel es que las personas solo hacen negocios con aquellos que les caen bien y con quienes se sienten a gusto. ¿Eres tú uno de ellos?

4. **Esfuerzo.** ¿Has visto alguna vez a alguien peleando con una de esas máquinas de café instantáneo? De esas en las que oprimes un par de botones, escoges el sabor de café que quieres y después la máquina dispara una taza de cartón por un pequeño conducto y te prepara el café. Laura cuenta que en cierta ocasión vio a un hombre tratando de que la máquina le aceptara un billete, pero estaba tan arrugado que la máquina no lo recibía. Así que ella se lo cambió por uno de los suyos y funcionó. El hombre dio un paso atrás para ver el café mientras se hacía. El único problema era que esta máquina en particular requería que tomarás una de las tazas de cartón que se encontraban al lado y la colocaras debajo del dispensador, algo de lo que el hombre no se percató. Así que, antes de que él pudiera reaccionar, el café se fue por el desagüe. Cuenta Laura que el hombre se volteó hacia ella y le dijo: "Vaya, este aparato es tan eficiente que hasta se toma el café por ti".

Parece un ejemplo algo simplón, pero es bastante diciente ya que muchos de los nuevos distribuidores que entran al negocio esperan que todo suceda de manera automática, que la gente se autoauspicie, que los productos se vendan solos y ellos no deban limitarse sino a esperar su cheque de bonificación a fin de mes. Y si algo no sale como estaba planeado miran hacia todos lados a ver quién está encargado de solucionarles los problemas. Yo creo que la moraleja de la historia es que en el negocio tenemos que ir hasta la máquina moledora, moler el café, agarrar una taza y prepararnos nuestro propio café. ¡Nada ocurrirá de manera automática!

5. **Urgencia.** En su libro *El sentido de la urgencia* John Kotter resalta: "El opuesto de la urgencia no es solo la indiferencia. También es un sentido falso o equivocado de urgencia que ha prevalecido hasta hoy como la indiferencia misma, y es incluso más traicionero".

Un viejo adagio militar dice: "Frente a la incertidumbre, frente a la duda, corre en círculos, grita, pero no te quedes quieto", lo que es un buen ejemplo de falsa urgencia. Tristemente es la respuesta estándar frente a lo inesperado en muchas organizaciones que parecen creer que correr de un lado a otro y mantenerse ocupados es más importante que de hecho hacer el trabajo. Estar ocupado está bien, pero si está basado en la frustración o la preocupación y no logra nada, es inútil.

La verdadera urgencia es más un asunto de perseverancia y de una personalidad tenaz que una emoción cruda y desencajada. La energía que no está concentrada en la realización de tareas concretas es un desperdicio. Claro que es energía, pero se asimila más a la energía desperdiciada en la explosión de un petardo que a la energía generada dentro de un motor de combustión interna. Ambas son explosiones, pero la explosión dentro del motor conduce a un trabajo productivo.

En el multinivel ocurre algo similar. En ocasiones confundimos el hecho de estar ocupados con estar siendo productivos. Vivimos ocupados a todo instante pero nuestro negocio no se mueve hacia ningún lado. Así que lo más atinado es asegurarnos de que cada actividad que realicemos esté produciendo resultados concretos que muevan el negocio hacia adelante.

6. **Ir más lejos.** La gente productiva tiende a ir más lejos de lo que el deber llama, en especial cuando no se le pide hacerlo. En una empresa, si tu carga de trabajo es un poco más liviana de lo que quisieras, lo sensato debería ser señalarle a tu supervisor que eres capaz de encargarte de más trabajo o de un proyecto de mayor envergadura. Sé que esto suena absurdo y tal vez jamás lo veas en una empresa tradicional donde, por desgracia, el modus operandi es hacer la menor cantidad de trabajo posible.

Sin embargo, en tu propio negocio el ir más lejos y dar más de lo esperado es apenas una muestra de un mayor compromiso con tu negocio. Y al ser tú mismo tu propio jefe es tu responsabilidad exigirte dicho comportamiento en cada una de las actividades que realices. Aquellos que se conforman con dar el mínimo esfuerzo pocas veces logran cosechar grandes beneficios. En un negocio de duplicación como el multinivel, aquel que se limita a dar su mínimo esfuerzo corre el peligro de ser imitado por todo su grupo.

La práctica sí hace al maestro

Una de las realidades que nos cuesta más trabajo aceptar en el negocio multinivel es que los grandes líderes, aquellos cuyos negocios generan millones de dólares en ventas e involucran a miles de personas en decenas de países, no siempre llegaron allí como resultado de su talento sino de su constancia. Muchas veces creemos que ellos poseen un talento especial que nosotros no poseemos y que esa es en realidad la fuente de su éxito. Pero lo cierto es que en la mayoría de los casos lo más especial de ellos ha sido su capacidad para persistir, su tenacidad para no darse por vencidos, para no permitir que las caídas y los fracasos los desanimen. Ese ha sido su verdadero talento.

En su libro *El talento está sobrevalorado* Geoff Colvin resalta que, aunque el talento es en efecto importante, la persistencia y el trabajo duro tienen la capacidad de superarlo. En otras palabras, aquellos que practican con constancia son quienes se destacan. Esta afirmación hace eco a la regla de las 10.000 horas de Malcolm Gladwell: cuando has pasado 10.000 horas haciendo algo, ya eres más o menos un experto y la tarea se vuelve algo natural en ti.

He aquí un ejemplo fascinante. El sicólogo Benjamin Bloom condujo una vez un estudio entre 120 de los mejores talentos jóvenes en campos tan amplios que abarcaban las matemáticas, la ciencia, los deportes y las artes. Pese a sus contextos distintos, él descubrió que esos jóvenes tuvieron ambientes familiares similares mientras crecían: sus familias estaban orientadas hacia los hijos y sus padres habían hecho todo lo que estaba a su alcance para ayudarles a triunfar.

Sin embargo, al mismo tiempo, una sólida ética laboral también estaba presente. Los chicos habían sido formados para esforzarse por sus objetivos, cumplir con sus obligaciones, emplear su tiempo de manera productiva y anteponer siempre el trabajo al juego. Como Colvin lo explicó: "En una organización, esto sería conocido como la cultura, las normas y expectativas que están implícitas en el aire empresarial".

¿Crees que incluso los músicos más talentosos toman una guitarra por primera vez e interpretan una nueva canción sin errores hasta el final? No es muy probable. Pero con el tiempo, y a través de práctica y conocimiento, un músico dedicado se acercará cada vez más a la perfección.

Lo mismo aplica para cualquier tarea laboral, ya sea presentando tu oportunidad de negocio a otros o en el desempeño de tu papel como líder de tu organización. Sí, el tema empezará a ponerse viejo con el tiempo, cuando lo repitas por décima, centésima o milésima vez, pero debes repetirlo. Para evitar el desprecio de la familiaridad mantente consciente de cada aspecto del proceso y pregunta con frecuencia cómo mejorarlo.

Existe un propósito para la práctica efectiva y la repetición consciente y constante, ya sea en el conservatorio, en tu lugar de trabajo o en tu propio negocio: su propósito en mejorar tu desempeño. Recuerda, ¡el talento no es suficiente! Para ser bueno en algo, tienes que hacerlo una y otra vez.

Hay quienes están convencidos de que tienen que rebozar de talento para ser productivos, lo cual es una peligrosa simplificación de la realidad. Sí, el talento es importante, pero el talento sin disciplina es inútil. El potencial desaprovechado existe como también se dan casos en que en algún momento el talento se disipe sin lograr nada. Lo más irónico de todo es que el talento es el único recurso que crece cuando se utiliza. Muchos niños talentosos que tienen potencial fallan porque no los motivan ni los obligan a hacer sus tareas.

Necesitas practicar, practicar y practicar un poco más si quieres maximizar el talento que tengas. La tenacidad y la voluntad de trabajar son mucho más importantes que el talento mismo. Agrégale a este el apoyo de los amigos y la familia, junto con una estricta adherencia a las obligaciones y las metas, y terminarás siendo un ser extraordinario.

Recuerda lo que dice Woody Allen: "El 90% del éxito consiste nada más que en dar la cara". ¿Qué quiere decir dar la cara? Hacer acto de presencia, salir de tu zona de confort, estar dispuesto a continuar con determinación sin importar lo difíciles que parezcan los obstáculos a primera vista. No se trata de que seas un ingenuo optimista, sino de que te des cuenta de que, si estás dispuesto a trabajar duro en algo y seguir haciéndolo y practicándolo con constancia, puedes triunfar.

Muchas veces en el negocio estamos tan ansiosos de ayudar a nuestros auspiciados que terminamos haciendo todo por ellos, lo cual impide su crecimiento. Recuerda esto la próxima vez que estés realizando una tarea en tu grupo que alguien más debería estar llevando a cabo.

Ten presente aquel viejo dicho italiano que reza: "Todo es difícil antes de volverse fácil". Parece una declaración simple, pero si la miras de cerca, te darás cuenta de que contiene mucha sabiduría. Ten presente esta verdad siempre que estés realizando una tarea nueva para ti.

¿Recuerdas cuando empezaste a manejar? Te sentaste con los ojos pegados al camino y a los espejos, encorvado sobre el timón, las dos manos puestas con firmeza en el volante. Exigiste silencio porque necesitabas concentrarte, manejar era en ese momento una actividad difícil para ti. Sin embargo, unos años más adelante, manejas con una solo mano mientras cantas lo que suena en el radio y charlas con tus amigos. De la misma forma, esa tarea que ahora te parece monumental llegarás a ejecutarla sin mucho esfuerzo.

A primera vista parecería que esta estrategia no se aplicara directamente a proyectos difíciles que a menudo tienen una naturaleza singular, pero sí se aplica. Una vez sabes que puedes prospectar, te das cuenta de que también puedes compartir tu negocio con otros y esa certeza te da la confianza para convertirte en un miembro valioso para tu negocio porque sabes que tienes la habilidad de tomar cualquier situación y manejarla, o al menos hacer un serio intento para ello. Todo lo que tienes que hacer es abrirte por completo a tu capacidad creativa e inspirarte para enfrentarla, motivarte a hacerlo, hacer el esfuerzo necesario y mantener la urgencia adecuada para ver más allá.

Como ya lo mencioné en el prólogo, con frecuencia soy invitado a hablar en diferentes convenciones y talleres de la industria sobre alguno de los temas de mis libros. En estos eventos casi siempre tengo la oportunidad de escuchar las historias de vida de personas que están siendo reconocidas por alcanzar nuevos niveles en su negocio, y uno de los temas que escucho con más frecuencia es el recuerdo de estos líderes de cuando recién empezaron su negocio y todo parecía tan difícil que muchos llegaron a creer que jamás serían capaces de despegar. Sin embargo, su constancia les permitió, poco a poco, dominar cada una de aquellas tareas que en un principio parecían imposibles. Por esta razón siempre le advierto a todo nuevo distribuidor: "Eso que hoy ves como imposible también lo fue para otros, y si ellos pudieron aprenderlo a punta de paciencia y práctica, eso solo quiere decir que tú también puedes hacerlo si estás dispuesto a pagar el precio que ellos pagaron".

Puntos de acción

1. Es fácil decir: "Nunca te des por vencido. ¡Nunca, nunca, nunca! Pero, ¿cómo llevas este gran llamado a la práctica? Lo primero que debemos hacer es tomar la decisión de que los fracasos y las caídas no dictaminarán si renunciamos o continuamos en el negocio. Recuerda que un fracaso es solo una lección. Si aprendes de él, has ganado, pero, si a causa de él renuncias, no solo te habrás privado de aprender algo nuevo, sino que habrás desaprovechado la oportunidad que te estaba ofreciendo la vida de conocerte un poco mejor. No olvides el dicho japonés que dice: "No importa que te caigas siete veces mientras que te levantes ocho".

2. El temor a fracasar jamás debe dictaminar tus decisiones. Puesto que muchas de las actividades del negocio son nuevas, es posible que en un comienzo muchas de ellas te parezcan difíciles o imposibles de realizar, y esa realidad causa temor sin lugar a dudas. A lo mejor creas que no cuentas con el talento ni las habilidades para llevar a cabo las tareas que hacen que el negocio funcione. No obstante, ten presente que, pese a que el talento es importante, es la práctica la que maximizará la capacidad que tengas ya que el talento sin disciplina es poco útil. No olvides que es casi seguro que muchas de las actividades del negocio serán difíciles antes de volverse fáciles. Lo único que debes hacer

es estar dispuesto a trabajar a diario en el desarrollo de tus capacidades y tomar la determinación de no renunciar hasta lograr la meta que te has propuesto.

PASO

4

La importancia de ayudar a otros a creer en ellos mismos

En cierta ocasión me invitaron a hablar ante un grupo de unos seiscientos estudiantes que se graduaban de la Escuela Secundaria. En la ceremonia de graduación se encontraban las familias, amigos y profesores de estos jóvenes que pronto partirían a la universidad o a hacer lo que tuviesen planeado hacer con el resto de su vida. Mientras el rector del colegio terminaba su discurso antes de mi intervención, yo esperaba en la parte de atrás del teatro.

El padre de uno de los graduandos se me acercó muy emocionado, había leído algunos de mis libros y estaba muy entusiasmado de que su hijo tuviera la oportunidad de escucharme. Recuerdo que pasó los siguientes cinco minutos diciéndome lo orgulloso que se sentía de su hijo, lo mucho que admiraba su seriedad y dedicación para con sus estudios y todo lo que representaba para él y su esposa que su hijo fuera el primero en la familia que iba a ir a la universidad. Cuando se disponía a regresar a su asiento le pregunté si alguna vez le había dicho todo eso a su hijo. No me sorprendió cuando él me dijo: "Pues la verdad, no se lo he dicho con estas palabras, pero estoy seguro de que él lo sabe". Lo triste es que quien necesitaba escuchar todo lo que aquel padre me había dicho, más que ninguna otra persona, era su hijo.

Cuento esta anécdota porque ya sea con nuestros cónyuges o hijos, con nuestros empleados, los miembros de nuestro equipo de trabajo o los distribuidores en nuestra red de mercadeo, con frecuencia muchos de nosotros dejamos pasar numerosas oportunidades de elogiarlos, felicitarlos, celebrar sus logros y hacer que se sientan apreciados.

Después de más de 20 años trabajando en la industria de la venta directa y el multinivel, observando cuales son las cualidades que identifican a aquellas personas que han llegado a los niveles más altos de sus empresas, he podido concluir que los mejores líderes pocas veces desaprovechan la oportunidad de felicitar, congratular, aplaudir, celebrar y en general, de expresar su aprecio a todos los miembros de su organización.

Este, creo yo, es uno de los secretos más ignorados del negocio. La gente ama recibir el regalo de un reconocimiento sincero. Así que una de tus metas debe ser tomar ventaja de las oportunidades que surgen a diario para darle a tu grupo de trabajo el reconocimiento que merece. De esa manera, no solo mejorarás el estado de ánimo de los demás, sino que tu negocio crecerá.

El autor Steve Nakamoto cuenta una anécdota sobre su lugar favorito para tomar café: *Starbucks*. La tienda queda cerca a su casa en Huntington Beach, California. El edificio es una unidad que despliega su diseño de arquitectura moderna con techos altos y claraboyas, grandes ventanales y un patio anexo climatizado en el exterior del edificio. Este sitio es muy popular entre la gente de la playa y de los que tienen botes en el área.

Lo que más me gusta del lugar, dice Steve, es la gente tan amigable. El empleado que por lo general se ubica en el mostrador durante las mañanas de los días entre semana se llama Stephen. Cada lunes saluda diciendo: "Hola, ¿cómo estuvo su fin de semana?" Stephen es el empleado más atento que trabaja en el sitio, y para cualquiera es muy bueno comenzar el día con su amistoso saludo.

A pesar de que todos los *Starbucks* tienen un lugar en el cual se depositan las propinas para mostrar el aprecio por el buen servicio, Steve decidió ir un paso más allá: buscó a la gerente y le dijo: "Tienes un muy buen ambiente aquí. Hay otros dos *Starbucks* más cerca de mi casa pero yo prefiero venir hasta aquí porque encuentro una atmósfera muy amigable. Ese empleado, Stephen, hace un muy buen trabajo para ti. Hasta los clientes parecen ser más atentos aquí".

Ella le contestó: "¡Me arregló el día! Acababa de recibir un reclamo muy fuerte cuando usted me llamó para hablar conmigo. Todos los que trabajamos aquí vemos el gran número de clientes que tenemos y sabemos que estamos trabajando bien, pero es muy raro que un cliente nos haga un comentario tan positivo como este. ¡Gracias!"

Ya sea durante una visita a *Starbucks* o en una situación diaria, si tienes algo agradable que compartir, asegúrate de decirlo, y tan importante como expresarlo es el hecho de hacerlo con entusiasmo y emoción. Tú no sabes cuándo vayas a ser quien alegres el día de alguien mediante un elogio tuyo expresado con aprecio y entusiasmo.

Sin embargo, es importante que tengas en cuenta que solo los elogios genuinos cuentan. Una de las mejores formas de ganar puntos con las personas es mediante un reconocimiento sincero. Si eres conocido como alguien cálido y honesto, la gente aceptará más tus cumplidos. Pero, si parece que lo que quieres es ganar algo a tu favor, o si tu reputación es la de ser alguien manipulador, tus elogios serán inefectivos.

También recuerda ser específico con tus elogios, evita las generalidades y las frases de cajón. Déjale saber a tu interlocutor qué es lo que aprecias de él y cómo te sientes. Por ejemplo, Steve cuenta que un amigo suyo que toca el piano en un restaurante de cinco estrellas le contó que el cumplido que más atesora cuando está trabajando es cuando un cliente le dice algo como: "¡Tú eres la razón por la cual mi esposa y yo viajamos 35 kilómetros para comer en este restaurante! Tu hermosa música y tu personalidad le agregan mucho a la experiencia de nuestra cena". Sin duda una muestra de aprecio como esta hace sentir muy especial a cualquiera. Este es el tipo de elogio que toca las fibras del alma, el que se dice desde el fondo del corazón. Así que asegúrate de dar solo los elogios que en realidad sientes porque de lo contrario crearás el efecto contrario y harás que la gente se cuestione tus verdaderas intenciones.

Todo el mundo desea sentirse apreciado

En el libro *Habla como un triunfador* de Steve Yamamoto, la regla # 14 del buen comunicador es precisamente lograr que la gente se sienta apreciada. Steve, quien además de ser experto en relaciones humanas es instructor y conferencista de Dale & Carnegie Associates, habla de una de las tareas más retadoras de dicha posición: congratular a sus estudiantes después de que ellos finalizan su exposición de dos minutos frente a la clase:

"Durante cada intervención, yo buscaba algo de sus historias que admirara, que respetara o me gustara. Mediante el hecho de enfocarme en lo bueno de los demás encontré la capacidad de hacer elogios de valor y calidad. Me obligaba a encontrar una cualidad especial y luego buscaba la manera de sustentarla con la exposición de cada estudiante. He encontrado que todos tenemos la capacidad de hacer elogios tanto a nivel personal como profesional de la misma manera en que yo lo hice como instructor en Dale & Carnegie Associates".

Supongo que la razón por la cual Steve encontraba esta tarea bastante retadora es porque la tendencia en situaciones como esta es a fijarnos no en lo bueno que están haciendo los demás, sino en lo malo, o por lo menos en lo que necesita ser corregido o mejorado.

El negocio multinivel nos enfrenta con un reto similar al de Steve ya que es un negocio de gente ayudando a gente. Nuestro éxito depende en gran medida de la habilidad que tengamos para ayudarles a todos los nuevos distribuidores a sobreponerse a los temores asociados con el desarrollo de una serie de tareas y actividades nuevas para ellos (prospectar, auspiciar, hablar en público, vender, etc.). La reacción inicial de todo nuevo prospecto es enfocarse en sus debilidades y creer que le será imposible llevar a cabo dichas tareas. Nuestra misión entonces es lograr que él crea en sus habilidades y supere sus miedos. Una manera de hacerlo es reconociéndole su esfuerzo. Las siguientes estrategias nos ayudarán a cumplir con este propósito de manera tan eficaz que pronto consolidaremos nuestra relación personal con cada uno de los miembros de nuestra organización:

- *Presenta tus elogios y reconocimientos lo más pronto posible:* Si respondes de inmediato con un elogio sincero, tu interlocutor no va a sentir que estás obrando en forma premeditada o manipuladora. Cuando esperas para hacerlo, tu elogio corre el riesgo de parecer forzado y fuera de lugar. Por eso es importante hacer un elogio cuando el sentimiento está vigente y la emoción no ha pasado.

- *Exprésalo en términos sencillos y honestos:* Si tu elogio es muy rebuscado, va a parecer premeditado o diseñado para desviar el enfoque lejos de quien lo recibe y dirigido hacia ti. Si el elogio es muy artificioso, quien lo recibe se va a sentir incómodo, dudará de su veracidad o sospechará del verdadero motivo. La mejor forma de hacerlo es encontrando evidencias que lo justifiquen y expresarlo en forma sencilla.

- *Encuentra una variedad de puntos a favor:* Busca la forma de elogiar diferentes aspectos de la persona y su conducta, aspectos como su apariencia y aspecto físico, sus acciones, su esfuerzo, sus fortalezas y otros rasgos de su carácter. Hay muchas formas de edificar a alguien, si sabes dónde buscar.

- *Busca elogios únicos:* La Regla de Oro dice que, mientras más inusual sea el elogio, mejor recibido será. En otras palabras, si quieres impactar con un cumplido, asegúrate de no hacerlo sobre algo obvio y procura que sea sobre algún aspecto poco identificado o subvalorado en las personas, así obtendrás un cumplido de valor hacia los demás. Los elogios deben ser concretos, no vagas generalidades que le podrías decirle a cualquiera en cualquier momento. Recuerda que uno de los objetivos más importantes del elogio es reforzar algún comportamiento positivo.

- *Ofrece tu elogio en público:* Si la situación es apropiada, siéntete libre de hacer el cumplido en frente a otras personas ya que tendrá un efecto más poderoso sobre quien lo recibe que si lo haces en privado. No se trata de ser un adulador, pero es innegable que nada hace más por nuestra autoestima como el reconocimiento y elogio público que recibimos por algún logro específico.

- *Procura hacerlo por escrito:* A veces un mensaje escrito que manifieste aprecio en una nota personal escrita a mano o un correo electrónico personalizado suele tener un impacto eficaz y duradero en quien lo recibe. Tú nunca sabes qué tantas veces el receptor va a releerlo y revivir en su interior la calidez de esa expresión de afecto y cariño. Yo siempre mantengo un folder de postales, notas y correos electrónicos de personas que me han enviado algún mensaje demostrándome su aprecio.

- *Recibe crédito por presentar buenas nuevas:* Un cumplido en tercer grado es cuando tú das buenas noticias de otra fuente. Haces esto cuando compartes con terceros lo bien que le ha ido a algún conocido en común. Siendo específico y dando detalles es posible dar un cumplido sincero aunque no seas la fuente original.

- *Acepta los cumplidos como un regalo:* Cuando alguien tome tiempo y esfuerzo en hacerte un cumplido no menosprecies este detalle, por el contrario, recíbelo con gratitud, mediante el contacto visual, una sonrisa y una muestra propia de agradecimiento. Si no lo agradeces, es posible que no vuelvas a recibir un elogio de esta persona. Es más, en algunos círculos de negocios la inhabilidad para recibir un elogio con agrado es síntoma de baja autoestima o falta de clase.

El mayor beneficio de ofrecer un elogio sincero es que comienzas un reentrenamiento para enfocarte en las buenas cualidades de los demás. Además se volverá más fácil y más natural para ti hacer un cumplido sincero.

A todos nos gusta ser elogiados. La mejor forma de comenzar a recibir más elogios es dando tributo a otros con mayor frecuencia. Elabora una lista de la gente que amas, respetas y estimas. Además del nombre, incluye qué es lo que más aprecias y admiras en ellos, como por ejemplo su sentido del humor, su sonrisa, su buena visión de la vida, su ética de trabajo, su responsabilidad o su manera de tratar a los demás. Ahora, piensa en alguna circunstancia importante en la que puedas darles el regalo de un cumplido. ¿Te sientes incomodo de hacerlo? Entonces piensa en lo bien que te sentirías si alguien tuviera ese detalle contigo.

Puntos de acción

1. Una de las cualidades que identifica a quienes han llegado a los niveles más altos de sus empresas es que pocas veces dejan pasar la oportunidad de felicitar, congratular, aplaudir, celebrar y expresar su aprecio a todos los miembros de su organización. Este, creo yo, es uno de los secretos más ignorados del multinivel, un negocio en el que muchas veces la mejor ayuda que le puedes dar a otro es ofreciéndole un elogio genuino. Recuerda que en el negocio tu éxito dependerá en gran medida de tu habilidad para ayudarle a todo nuevo distribuidor en tu red a sobreponerse a los temores asociados con el desarrollo de una serie de tareas y actividades nuevas para él (prospectar, auspiciar, hablar en público, vender, etc.). Así que tu tarea es lograr que ellos crean en sus habilidades y superen sus miedos. Una manera de hacerlo es reconociendo su esfuerzo. Sin embargo, es importante que tengas en cuenta que solo los elogios legítimos cuentan.

2. Durante la siguiente semana comprométete a hacer sentir bien por lo menos a una persona por día con algo que tú le digas. Mientras haces esto recuerda que no puedes elevar la autoestima de otra gente sin también mejorar la tuya en el proceso. ¿Quieres ser un líder que otros sigan con entusiasmo? No olvides esta simple y poderosa regla: asegúrate de que otros se sientan apreciados. Una vez que

comprendas la importancia de esta parte tan esencial en el proceso de liderazgo solo es cuestión de saber manejar tus ideas poniendo esta regla en práctica con propósitos claros y llevándola a cabo de manera constante hasta que se te convierta en un hábito natural.

PASO

5

Elimina las distracciones y enfócate en tu negocio

Cualquiera que haya construido un negocio multinivel exitoso te dirá lo mismo: uno de los mayores retos que enfrenta el distribuidor novato es mantenerse enfocado en lo que tiene que hacer para que su negocio comience a mostrar resultados. Aprender cómo enfocar su esfuerzo y eliminar las distracciones que los desvíen del camino que se han trazado para el logro de sus metas es un factor que con frecuencia parece eludir a muchos emprendedores.

Algunos de ustedes se preguntarán: "Pero acaso ¿no son los emprendedores quienes se supone que saben para donde van? ¿No son ellos los que tienen claro su norte y están siempre al tanto de los objetivos que persiguen?" Así es. Sin embargo, muchas veces la persona emprendedora suele ver tantas oportunidades a su alrededor que en ocasiones le es difícil enfocar su esfuerzo en el logro de un fin específico.

Lo cierto es que hasta el más eficiente y emprendedor terminará jugando a la "gallina ciega" en su vida si no logra determinar con precisión dónde enfocar su esfuerzo y energía. No es suficiente estar dispuesto a hacer cuanto sea necesario ya que no cuentas sino con un número limitado de horas cada día para trabajar en la realización de tus metas. Así que debes tener absoluta claridad en cuanto a lo que deseas alcanzar y eliminar todo aquello que te distraiga de lograrlo. Más aún si, como sucede con las personas que empiezan un negocio multinivel, debes llevar a cabo las nuevas tareas del negocio al mismo tiempo que continúas atendiendo las demás actividades que venías desarrollando: empleo, estudio, hogar y demás asuntos personales.

En otras palabras, necesitas desarrollar la capacidad de enfocarte en las tareas de tu negocio. El sistema de administración del tiempo más efectivo del mundo no hará nada para mejorar tu productividad, si no te concentras en las labores críticas que tienes frente a ti. Usa tu concentración como una espada para alejar todo lo que te impida que hagas tu trabajo a tiempo y de acuerdo a las metas que te has trazado.

Para muchos nuevos distribuidores su mayor problema no es la falta de fuerza de voluntad, sino su incapacidad para eliminar las distracciones. Esto se debe a que hoy más que nunca los empresarios de la industria del multinivel están acosados con interrupciones y distracciones internas y externas que los alejan de las actividades importantes de su negocio. Si no son los quehaceres y afanes propios de la vida que han llevado antes de empezar su negocio, es la fascinación con Internet, la televisión, las redes sociales o los correos electrónicos. Otros, en su afán por reinventar la rueda, pierden una gran cantidad de tiempo buscando otras maneras de construir su negocio en lugar de seguir las recomendaciones de sus líderes.

Víctimas de las distracciones

Definamos la palabra "distracción" como todo aquello que va en contra de culminar las tareas que tenemos pendientes. Cuando estas logran apoderarse de tu vida, va a tomarte muchas horas terminar una tarea sencilla o te perderás en un mar de ocupaciones y labores de poca importancia. No quiero decir que las distracciones tienen siempre resultados negativos, pero de no ser planeadas terminan por alejarte de tus prioridades más importantes y copan tus horas de mayor productividad.

Las interrupciones abundan. Justo cuando empezabas a hacer algunas llamadas para una reunión de negocios que planeas ofrecer en una semana suena tu celular y es algún amigo o familiar que desea conversar contigo. Lo curioso es que esta distracción te hace pensar en que debes eliminar la multitud de correos electrónicos de tu bandeja de correo no deseado, lo cual, a su vez, aprovechas para organizar las fotografías y música en tu computadora y luego sincronizarlas con tu teléfono. Tres horas más tarde tratas de continuar con tu tarea nuevamente, pero como ya perdiste el hilo y el entusiasmo, decides hacerlo mientras les das un vistazo a las noticias, y esto, como es de esperarse, te impide concentrarte. Así, poco a poco has sucumbido ante una multitud de distracciones de poco valor que te impiden concluir con tu objetivo inicial de invitar a algunos prospectos a tu reunión. ¿Te ha sucedido esto alguna vez?

En su libro *Qué hacer cuando hay mucho por hacer* Laura Stack afirma que, cuando pierdes el impulso, tu cerebro tiene que trabajar más para recuperar la velocidad, así como un auto que es forzado a detenerse por completo. Aunque las interrupciones hacen parte normal de nuestra vida personal (y a veces son deseables), hay momentos en los que es conveniente defenderse de ellas.

Debes aprender a cerrar la puerta, apagar el televisor, desconectarte de Internet y bloquear cualquier otra distracción. Esto no va a ser fácil pues las interrupciones están al acecho todo el tiempo, esperando introducirse furtivamente en tu vida, y para bloquearlas necesitas concentrar toda tu atención en una tarea específica a la vez, deshaciéndote de todas las distracciones posibles.

De acuerdo a Laura Stack, el problema tiene dos caras: una interna y otra externa. Veamos lo que ella nos dice sobre estas distracciones y cómo manejarlas.

Cómo manejar las distracciones externas

Es difícil lograr mucho cuando alguien te está molestando o distrayendo. Según un estudio reciente, el 28% del día laboral de un trabajador promedio está dedicado a atender interrupciones generadas por otras personas que no comprenden que necesitas concentrarte, que no les importa lo que estás haciendo y olvidan ser consideradas con tu tiempo. No permitas que los demás te quiten el tiempo cuando precisas terminar tu trabajo. Elimina los ruidos, las detracciones, las interrupciones incidentales que te estén alejando de culminar las tareas que has empezado.

Sin duda es fácil aislarte cuando tienes un cargo de alta gerencia y trabajas en una oficina donde puedes cerrar la puerta o cuentas con un asistente que filtre todo aquello que no sea importante. Pero aun si este no es tu caso, organiza tu espacio de trabajo para no descarrilarte a cada instante con interrupciones y distracciones. Si tienes una puerta, ciérrala. No solo bloquearás un poco el ruido, sino que también impedirás que te molesten. Si es necesario, pon un aviso que diga "No molestar".

Cuando vayas a desarrollar tareas importantes que necesitan ser atendidas con prontitud procura encontrar un sitio que no esté en un lugar demasiado transitado; pásate a una sala de conferencias vacía; ve con tu computadora portátil a la sala de descanso o siéntate en una banca en algún lugar exterior por un rato; utiliza audífonos que aíslen el ruido; no respondas correos electrónicos ni mensajes en tus redes sociales; apaga tu teléfono móvil o envía las llamadas directo a tu buzón, así el timbre no te distrae.

Laura señala que no importa si tienes que esconderte, usar audífonos, bajar las persianas en tus ventanas o colgar un anuncio en la puerta que diga "Aléjese", ¡deshazte de las distracciones externas!

Estoy de acuerdo con ella. De hecho, cuando hablo de este tema, no falta quien me diga: "Pero, Dr. Cruz, ¿qué puedo hacer? Construyo mi negocio desde casa y por lo general es en las horas de la noche cuando regreso del trabajo, así que me es imposible evitar todas las distracciones que tienen que ver con los hijos, la familia y las tareas del hogar". Por supuesto que eliminar las distracciones externas no incluye prescindir del tiempo con la pareja o los hijos. Lo que sí requiere es planear tus tareas, atender lo prioritario y apartar un periodo de tiempo que le dedicarás a realizar las tareas que exige tu negocio.

Cómo eliminar las distracciones internas

Cuando hayas tratado con las distracciones externas, trabaja en eliminar las internas, aquellas que residen en tu cabeza. Estas son mucho más insidiosas que las externas ya que de estas es posible apartarte físicamente, pero jamás conseguirás alejarte de tu propia mente. Así que la única opción es la disciplina interna y el autocontrol.

Si esperas escapar del ciclo de distracción, practica la autodisciplina de principio a fin. Esfuérzate y toma la decisión consciente de trabajar duro aun cuando abunden las distracciones. Te asombrará lo mucho que harás si tan solo prosigues ignorando las molestias y distracciones a tu alrededor; después de un tiempo es muy probable que logres fortalecerte y aprendas a bloquear todo aquello que antes no te permitía concentrarte.

Mira bien tu día de trabajo y haz un esfuerzo consciente por eliminar las actividades y comportamientos que absorben tu día. Recuerda: ¡Simplifica, simplifica, simplifica!

Ahora, decirlo es muy fácil, pero, ¿cómo hacerlo? Comienza aprendiendo de tus propias debilidades y establece normas para controlarlas. ¡Sé proactivo al respecto! Hazte la siguiente pregunta: ¿qué debo dejar de hacer para ser más productivo en este instante? Las siguientes son algunas sugerencias de actividades que puedes eliminar que por lo general terminan distrayéndote: apártate de las conversaciones negativas y los chismes; no desperdicies tu tiempo actualizando tu hoja de vida o revisando una y otra vez tus logros pasados; no adquieras la costumbre de llegar tarde y salir temprano de tu trabajo; evita tener largos recesos de almuerzo; limita el uso de las redes sociales incluso para fines de negocios; en general, no tomes demasiados descansos cortos ya que estos descarrilan tu tren de concentración.

Pese a que quisiéramos creer que nuestra baja productividad es el resultado de factores externos fuera de nuestro control lo cierto es que la anterior lista nos deja ver que nosotros mismos somos los mayores causantes de nuestras distracciones. A esta lista debemos agregar una práctica pobre que ha surgido en tiempos más recientes y que suele disfrazarse de buen hábito, y es la práctica de las multitareas —lo que en inglés se conoce como *multitasking*—. Es la idea de realizar varias actividades a la vez, supuestamente con el fin de lograr más en menos tiempo. Nos hemos convertido en genios de las multitareas, o por lo menos eso es lo que creemos. Dividimos la pantalla de la computadora en tres de manera que podamos revisar el correo electrónico en una mientras tenemos una videoconferencia en la otra y luchamos por finalizar un informe importante en la tercera. Creemos que hemos dominado el arte de recibir llamadas, responder correos electrónicos y revisar información al mismo tiempo; todo mientras desayunamos.

Lo que no logramos entender es que realizar varias tareas al mismo tiempo nos ha convertido en el equivalente humano de uno de esos ratones de laboratorio que corren en la rueda de ejercicios pero nunca llegan a ninguna parte. Nos engañamos creyendo que estamos siendo productivos cuando lo único que estamos logrando en la mayoría de los casos es hacer varias tareas mediocremente a la vez.

¿Es realmente productivo tratar de ejecutar diversas tareas al mismo tiempo? Resulta que la respuesta a esta pregunta no es tan simple como sí o no. Según un estudio realizado en el año 2006 por Morten Christiansen, sicólogo de la Universidad de Cornell, la mayoría de personas sabe hacer bien varias cosas al mismo tiempo mientras utilice diferentes sentidos para cada tarea. En otras palabras, la mayoría de nosotros no tiene ningún problema con escuchar radio mientras conduce o hablar por teléfono mientras camina. Y aunque esto parece un punto a favor para las multitareas no sucede los mismo cuando dichas tareas están compitiendo por los mismos sentidos.

Por ejemplo, piensa en cómo reaccionas cuando dos personas tratan de hablarte al mismo tiempo: no entiendes a ninguna de las dos. Cuando lo intentas, tu cerebro se atasca y tienes que dedicar una gran cantidad de energía solo para concentrarte. Lo mismo sucede cuando tratas de concentrarte en dos o más tecnologías en un mismo momento, sobre todo si son muy parecidas: por ejemplo, el correo electrónico y los mensajes de voz.

Es más, un estudio sobre la percepción humana y el desempeño realizado por los investigadores Joshua Rubinstein, David Meyer y Jeffrey Evans, presentado en *Journal of Experimental Psychology* en el año 2001, demostró que el cambio entre tareas complejas nos hace perder muchos segundos de tiempo por cada cambio.

¿Cuántas veces cambias de tarea en un día? La persona promedio lo hace cientos de veces. Si de verdad estás tratando de llevar a cabo diferentes tareas al tiempo, esto puede traducirse en *miles* de veces al día. Unos pocos segundos multiplicados por varios miles al día suman un tiempo importante. Digamos que terminas cambiando de concentración dos mil veces al día durante dos segundos cada vez. Eso es un total de cuatro mil segundos, ¡lo cual es más de una hora que pierdes tratando de realizar varias tareas a la vez!

Rubenstein ha propuesto un nuevo modelo para explicar este proceso de cambio mental. El primer paso es "el cambio de meta" en el cual tomas la decisión consciente de dejar de trabajar en una tarea y pasar a otra. El segundo paso es el "proceso de activación" en el que eliminas de tu memoria a corto plazo la información y los procedimientos de la primera tarea y los reemplazas con la información y los procedimientos de la nueva actividad.

Entre más compleja o poco familiar sea la tarea, más tiempo necesitarás para completar el proceso de activación. Y si a eso le sumas el hecho de que la mayoría de nosotros tiene la capacidad de absorber e integrar solo cierta cantidad de información a la vez, esto complica la atención que estás en capacidad de darle a cada tarea. Esto es lo que sucede con el manejo alterno que les damos a los autos y a los teléfonos móviles. Aunque la mayoría de nosotros lo hace sabemos que es tonto hablar por teléfono y conducir un auto al mismo tiempo debido a que ambas tareas involucran un alto nivel de estímulos sensoriales, lo cual genera conflicto entre ellas. Como consecuencia, hacemos mal una de las dos, o lo más probable, las dos. El alto número de accidentes de autos relacionados con teléfonos es una clara evidencia de esto. El Consejo Nacional de Seguridad calcula que los celulares provocaron 1.3 *millones* de accidentes en el año 2011. Así que imagina lo poco efectivo que es tratar de trabajar en un informe, llevar una conversación por mensajería instantánea, escuchar las noticias en la radio y responder correos electrónicos, todo al mismo tiempo. Así no nos daremos la oportunidad de adentrarnos en el tipo de concentración productiva que nos permita hacer el trabajo de forma eficiente.

Todo en lo que tratamos de trabajar al realizar varias actividades a la vez tiene otro nombre: interrupciones. Ya sea que provengan de otros, o que nosotros las generemos en nuestra mente, siguen siendo interrupciones, ya que requieren que dejemos de hacer lo que estamos haciendo a fin de hacer algo más. Mientras sigas un proceso de parar y volver a empezar no trabajarás con eficacia así como tampoco llegarás con rapidez a tu destino en medio del tráfico que avanza y para a cada momento. No importa cuán inteligente seas, si intentas hacer más de una o dos cosas al mismo tiempo, estarás destruyendo tu capacidad de concentración efectiva.

Es claro que por más de que las multitareas estén de moda, la verdad es que no son tan productivas como obligarte a prestarle atención a una sola labor a la vez excluyendo todo lo demás.

Si deseas ser más efectivo en tu negocio, vas a lograr mucho más si te enfocas en una tarea hasta terminarla antes de pasar a la siguiente. Tratar de hacer demasiado al mismo tiempo conlleva a un mayor potencial de distracción y a más tiempo para terminar la tarea. No te des el lujo de distraerte con varias actividades al tiempo, en especial cuando ya tienes que lidiar con las interrupciones de los demás.

Puntos de acción

1. Las interrupciones abundan y hoy más que nunca los empresarios de la industria del multinivel están acosados con distracciones internas y externas que los alejan, a las buenas o por la fuerza, de las actividades importantes de su negocio. Si no son los quehaceres y afanes propios de la vida que han llevado antes de empezar su negocio, es la fascinación con Internet, las redes sociales, los correos electrónicos o la televisión —para nombrar solo algunas—. Toma un momento para determinar con honestidad cuáles son las distracciones que con mayor frecuencia te roban el tiempo, y una vez las hayas identificado, determina cómo vas a responder ante ellas de ahora en delante de manera que seas más eficiente con tu tiempo.

2. En realidad hay solo un puñado de actividades que hacen que tu negocio crezca y se solidifique. No tiene sentido hacerlas a la ligera o no darles tu total atención. Cuando estés realizando estas tareas oblígate a prestarle atención a una sola actividad a la vez excluyendo así todo lo demás. Si estás prospectando, contactando, invitando a un nuevo prospecto a una reunión de negocios, compartiendo la oportunidad de negocio o haciendo seguimiento con un nuevo cliente debes hacerlo con el 100% de tu atención. No lo hagas mientras chequeas tus mensajes en tu teléfono, respondes una llamada o

miras tu agenda para confirmar dónde es tu próxima cita. Si te encuentras revisando un gráfica de cómo luce tu organización con el fin de determinar dónde debes trabajar y qué ayuda precisa cada miembro de tu grupo, lo mejor es que no lo hagas frente a la televisión ni mientras revisas tu página de Facebook.

PASO 6

Comienza donde estás

No sé en qué lugar del mundo te encuentras en este preciso instante, pero te tengo una pregunta: si tuvieras que salir en este momento para el Parque Central de la ciudad de Nueva York, ¿desde dónde empezarías? La respuesta obvia es: desde donde te encuentres ahora. Ya sea que estés a un par de cuadras de distancia del parque o te encuentres a cinco mil kilómetros, la única opción que tienes es empezar desde donde estás. Es imposible empezar desde donde no te encuentras o desde donde quisieras o soñabas estar. Solo puedes empezar desde donde estás. Si te encuentras en Beijing, China, ¿tiene algún sentido que te sientes a especular sobre lo sencillo que sería el viaje si te encontrarás más cerca, o sobre lo injusto que es el que debas empezar desde tan lejos, o sobre lo fácil que les ha tocado a todos aquellos que viven en Nueva York? ¡Absolutamente no! La realidad es que, si quieres llegar allí, debes empezar desde donde te encuentras en este preciso instante. ¡Eso es todo!

De la misma manera, cuando emprendes tu negocio multinivel y comienzas a descubrir lo que debes hacer para que sea un éxito, no tiene ningún sentido que pierdas el tiempo pensando en lo fácil que sería triunfar si tuvieras más experiencia en el campo de los negocios, si hubieses iniciado tu negocio unos años antes, si vivieras en un lugar más poblado, si fueses mejor para las ventas, si hubiese mayor demanda para tu producto, si no fueras tan tímido, si la economía estuviera en mejor forma o cualquiera de las muchas otras excusas con las que buscamos justificar por qué nos será difícil triunfar en el multinivel.

De nada sirve que pierdas el tiempo pensando en lo fácil que sería empezar tu negocio, si pudieras comenzar desde otro lugar. Lo cierto es que debes empezar desde donde estás en este momento, y entre más rápido entiendas y aceptes esta realidad, más pronto comenzarás a aprender lo que necesitas saber para que tu negocio prospere y a hacer lo que debes hacer para que crezca.

¿Qué quiere decir empezar desde donde estás en este momento? Comenzar por aceptar que deberás aprender cosas nuevas, por enfocarte en tus fortalezas al tiempo que superas tus debilidades y por entender que tu mercado, economía, clientes, productos y prospectos son los que son y no otros.

Algo asombroso sucede con tu confianza y creatividad cuando comprendes que no necesitas esperar a que las circunstancias externas cambien para lograr el éxito. Y todo empieza con entender que lo que le das al mercado, a tu empresa y en general al mundo es algo que solo tú sabes y puedes dar. Comienza con eso, desarróllalo y te sorprenderá el poder de lo que ya sabes hacer.

A veces, cuando cambiamos nuestro énfasis de lo que no tenemos, o aún más, de lo que no creemos tener (ideas, talentos, habilidades, relaciones, etc.) hacia lo que tenemos (fortalezas, actitud, entusiasmo, etc.), algo cambia en nuestro interior. Cuando menos lo esperamos, comenzamos a escuchar nuestro inconsciente creativo.

En su libro *Prospera*, Ethan Willis y Randy Garn cuentan que han observado a miles de estudiantes de su programa avanzar hacia una vida más próspera con el simple hecho de ayudarlos a enfocarse en lo que ya tienen. Hay algo en común entre todos aquellos que han logrado los mejores resultados: ellos comienzan concentrándose en los activos de los que ya disfrutan en lugar de enfocarse en lo que todavía no tienen.

No es que los estudiantes más exitosos hayan comenzado con mayores ventajas. Lo que sucede es que para ellos no era tan importante si sus platos estaban llenos al comienzo, lo realmente valioso era que, así tuvieran poco, no estaban vacíos. Así hubieran comenzado con mucho o con poco, quienes hacían énfasis en lo que tenían al comienzo tendían a terminar en mejores condiciones.

Esto resultó ser muy curioso para ellos así que le dieron una mirada más cercana a ese fenómeno y descubrieron que en el mundo hay dos clases de personas: las que dedican todo su tiempo a pensar en sus limitaciones y carencias y las que son conscientes de sus debilidades pero eligen concentrarse en lo que sí tienen. El segundo grupo de personas tiene un viaje más suave en su recorrido hacia la prosperidad.

No es difícil ver por qué. El primer grupo dedica mucha de su energía a pensar en cómo superar sus debilidades mientras el segundo invierte su energía en mejorar sus dones y activos actuales así sean mínimos. ¿Con qué tipo de personas preferirías trabajar?

El problema es que concentrarse en las circunstancias negativas conecta nuestra mente de una manera que sabotea nuestros esfuerzos más sinceros. No es sorprendente que muchos de nosotros tengamos el problema de fijarnos en lo que no tenemos ya que vivimos en una cultura consumista que nos bombardea con miles de mensajes comerciales para persuadirnos de que no somos tan atractivos ni inteligentes ni exitosos como pudiésemos ser. Así que no es de extrañarse que de forma inconsciente nos concentremos más en lo que no tenemos, en lo que nos atemoriza o en lo que estamos tratando de evitar en lugar de concentrarnos en lo que ya poseemos.

Ethan y Randy cuentan que esa es una actitud que observan a diario en sus entrenamientos. Los instructores siempre les hacen a los estudiantes una variación de la pregunta "¿Qué deseas?". Lo curioso es que al comienzo a la mayoría de ellos se le dificulta indicar con claridad qué es lo que desea. Dicen cosas como:

- "No quiero tener más deudas ni vivir preocupado por el pago de una hipoteca".
- "Toda mi vida he estado tratando de ser contador como mi padre y ahora solo quiero ser yo y necesito ayuda".
- "No quiero levantarme con un sentimiento malo en la boca del estómago cuando pienso en tener que trabajar para alguien más".
- "No deseo seguir siendo pobre toda mi vida. Necesito que alguien me ayude a dejar de patinar para lograr ser rico".
- "Sería muy bueno si mis jefes me respetaran, así lograría un buen ascenso".

¿Ven la tendencia de estas respuestas? Para los estudiantes es mucho más fácil indicar qué es lo que no quieren.

En la medida en que avanzaba el entrenamiento era posible ver que la mayoría de ellos, o no lograba finalizar el programa, o tenía resultados poco sobresalientes. Y una gran parte del problema es que esos estudiantes viven concentrados no en lo que quieren, sino en lo que no quieren. El problema es que, como lo indica la Ley de la Atracción, todos tendemos e atraer hacia nuestra vida aquello en lo que enfocamos nuestro pensamiento de manera constante. Así que, si la mayoría del tiempo estamos enfocados en lo que no tenemos o queremos, pues eso es lo que vamos a atraer hacia nosotros: más de lo que no queremos o tenemos.

Estos estudiantes no quieren deudas, pero estas parecen persistir; no quieren sentirse perdedores, pero tienden a seguir perdiendo; quieren dejar de patinar, pero sus ruedas siguen patinando; no quieren que su jefe los irrespete, pero ellos no se respetan a sí mismos. Sin proponérselo, con su manera de pensar, estas personas se han encargado de perpetuar las mismas circunstancias adversas de las cuales quieren salir. Esa es la gran trampa. Es como querer salir de la pobreza y pensar que la manera de hacerlo es empleando todo nuestro tiempo pensando en ella: en qué la origina, en cuáles son sus causas y sus consecuencias, en la vida a la que nos condena, etc. Al final, seguro seremos expertos en saber todo lo necesario sobre la pobreza pero no habremos salido de ella.

Entonces, si tu meta es lograr libertad financiera, lo ideal es hacerlo a partir de tus fortalezas y habilidades esenciales. Esto requiere que mires a tu alrededor y veas cómo otras personas o empresas están generando ingresos a partir de una esencia que sea similar a la tuya. Por ejemplo, si tu esencia es una pasión y una aptitud por las matemáticas, haz una lista de diez maneras en que otras personas ganan dinero usando esas habilidades.

En el negocio multinivel esto es aún más sencillo. Observa a los líderes en tu negocio, identifica a aquellos que tienen habilidades similares a las tuyas y examina cómo ellos las han utilizado al servicio de su negocio, así tendrás ideas sobre cómo utilizar tus propias destrezas. El siguiente paso es usar un modelo que obviamente ya le esté funcionando a alguien más. Si funciona para esa persona, lo más seguro es que también funcione para ti. Desde luego, debes adaptar tu modelo para que se ajuste a tus propias circunstancias, así comenzarás a crear un ingreso real a partir de tu esencia.

Recibiremos más de aquello en lo que nos concentramos

¿Qué sucede cuando compras el auto de tus sueños? Digamos que es de un intenso color rojo, empiezas a conducirlo y de repente ves autos rojos por todas partes. ¿Qué está sucediendo? ¿Acaso hay más autos rojos en las calles solo porque tú compraste uno? Claro que no. Lo que sucede es que ahora tu mente es más perceptiva a la presencia de autos rojos. Este ejemplo que presenta Laura Goodrich en su libro *El síndrome del auto rojo* nos muestra cómo en realidad obtienes más de aquello en lo que te concentras.

Goodrich ha mostrado que tenemos mejores opciones de hacer realidad nuestros sueños cuando estos se ajustan a nuestras pasiones e intereses, tanto personales como profesionales, y luego encontramos apoyo, dominamos nuestras debilidades, establecemos prioridades y desarrollamos planes de acción para lograrlos. Esto mismo es cierto, si lo que deseamos es mejor salud, una relación más gratificante o un negocio exitoso.

Si te concentras en ser una persona próspera, advertirás más oportunidades a tu alrededor para proceder según ese deseo. Serás más atento en las conversaciones que tengas, te inclinarás más a hacer preguntas sobre este tema, les prestarás más atención a historias que hablen de prosperidad en la televisión. Ahora bien, prestar más atención al tema de la prosperidad por sí solo no producirá la prosperidad que buscas, debes reconocer las oportunidades, tomar una decisión y actuar.

Lo mismo ocurre en cualquier otra área de tu vida. Cuando te enfocas en ser energético y saludable en lugar de concentrarte en evitar ser alguien con exceso de peso, comienzas a notar diferencias a tu alrededor. Tu atención se dirigirá a ver más gimnasios y parques en tu vecindario, prestarás más atención a que tu alimentación sea saludable, y en general, encontrarás recursos internos e ideas que no surgían o no observabas cuando te concentrabas en tu exceso de peso.

Pero la premisa siempre es la misma: dedica tiempo a descubrir quién eres, ¿cuáles son tus fortalezas, deseos, sueños y valores? La respuesta a esta pregunta te permitirá vivir de manera consistente con tus valores y anhelos personales sin tratar de ser otra persona —que es lo que hacemos cuando actuamos como otros creen que debemos actuar y no como nosotros sabemos que debemos hacerlo de acuerdo a nuestros propósitos personales—. Debes ser tú. Si no das ese paso, tus ingresos irán y vendrán, pero tu seguridad financiera seguirá siendo esquiva. Tu prosperidad no es sostenible a menos que el negocio que desarrolles esté basado en un fundamento solidificado por tus fortalezas, intereses y valores.

Comienza con lo que ya tienes. Toda empresa lleva un inventario de sus activos. Haz tú lo mismo, realiza un inventario de los activos que ya posees. Empieza con tus fortalezas y competencias únicas. ¿Cuáles son tus talentos naturales? ¿Qué te fluye con tanta facilidad que casi ni lo notas? ¿Qué habilidades adquiridas has usado de manera exitosa en tu vida personal y profesional? ¿Qué contactos personales y de negocios tienes? No olvides tus experiencias de vida. Gran parte de las perspectivas que has aprendido son consecuencia de retos que has superado. Así que has una lista de tus talentos, pasiones y valores más profundos. Esos también son activos.

Escribe la mayor cantidad de activos en los que puedas pensar. Tómate tu tiempo; este ejercicio requiere algo de reflexión. Cuando termines, examínalos, es probable que sean más abundantes de lo que pensabas.

Puntos de acción

1. ¿Cuál clase de persona eres, la que dedica todo su tiempo a pensar en sus limitaciones y carencias o la que es consciente de sus debilidades pero elige concentrarse en sus fortalezas? Mientras el primer grupo dedica mucha de su energía a pensar en cómo superar sus debilidades el segundo grupo invierte su energía en desarrollar y optimizar sus talentos y habilidades. Si tu meta es construir un negocio exitoso, lo ideal es hacerlo a partir de tus fortalezas esenciales. Esto requiere que mires a tu alrededor, observes a los líderes en tu negocio, identifiques a aquellos que tienen destrezas similares a las tuyas y examines cómo ellos han utilizado dichos talentos para construir su negocio. Tus observaciones te darán ideas sobre cómo utilizar tus propias habilidades.

2. Comienza donde estás en este momento. No pierdas el tiempo pensando en lo fácil que sería triunfar si hubieses empezado tu negocio antes, si vivieras en otro lugar, si fueses mejor para las ventas, si no fueras tan tímido, si la economía estuviera en mejor forma o en cualquiera de las muchas otras excusas con las que en ocasiones buscamos justificar por qué nuestro negocio no está creciendo tan rápido como quisiéramos. Debes empezar desde donde te encuentras en este momento. Comienza por aceptar que deberás aprender nuevas habilidades, por

enfocarte en tus fortalezas al tiempo que superas tus debilidades y por entender que tu mercado, economía, clientes, productos y prospectos son los que son y no otros. Escribe la mayor cantidad posible de atributos positivos de tu situación actual. Cuando termines, revísalos y decide que estos son los activos con lo cuales construirás tu negocio.

Un negocio de gente ayudando gente a ayudar gente

Tarde o temprano todo empresario de mercadeo multinivel aprende que en este negocio las relaciones interpersonales no solo son importantes, sino que lo son todo. Ellas determinan el éxito en cada etapa del desarrollo de una red de mercadeo: prospectar, invitar a una reunión, compartir la oportunidad de negocio, realizar el seguimiento, vender, auspiciar y ayudar a otros a hacer lo mismo. Todas estas actividades se fundamentan en las relaciones interpersonales.

La materia prima de los negocios de multinivel es la gente. Este es un negocio de gente ayudando gente a ayudar más gente, así que todo comienza cuando conocemos a otras personas.

¿Cómo las conocemos? Unas veces son familiares o forman parte de nuestro círculo personal de amigos y conocidos; otras, apenas las conocemos (contactos en frío), y otras veces son el producto del contacto y la recomendación de un distribuidor o cliente existente.

Aunque no siempre es el caso, es indudable que el grado de familiaridad que tengamos con los demás facilita las relaciones de negocios. Es por esto que realizar una presentación frente a un nuevo prospecto es mucho más fácil cuando se trata de un referido que cuando estamos frente a un contacto en frío.

Debido a esta innegable realidad, los empresarios que entienden el valor de obtener referidos y actúan siempre orientados hacia ese fin nunca corren el peligro de que se les termine la materia prima de su negocio. Ellos saben que una de sus prioridades más importantes es alimentar esa lista de prospectos de la cual se nutre su actividad primordial.

Es innegable que el éxito de toda actividad relacionada con el mercadeo en red es el resultado de nuestra capacidad para desarrollar relaciones interpersonales positivas. La adecuada interacción que establecemos con cada nuevo prospecto, cliente o distribuidor es la base de todo logro. Desde la primera llamada a un prospecto, la relación que establecemos con él facilita que la conversación fluya; nos permite hacer preguntas exploratorias que nos ayuden a conocerlo mejor y a concretar una cita para compartirle nuestra oportunidad de negocio.

Pregúntale a todo nuevo distribuidor y es casi seguro que te dirá que uno de los obstáculos más grandes en una reunión de ventas o en una cita para presentar el negocio es la tensión que se crea entre el nuevo prospecto (posible distribuidor o comprador del producto) y el empresario.

Una de las mejores formas en las que el empresario incrementa las posibilidades de que su propuesta sea aceptada tiene que ver con saber manejar y controlar este nivel de tensión durante la negociación. Cuando la tensión se eleva, se disminuye la cooperación. Cuando la tensión disminuye, el nivel de confianza y cooperación empieza a elevarse.

Con las llamadas en frío, cuando contactas a la mayoría de los prospectos, el nivel de tensión es bastante alto porque ellos no saben quién eres ni cuál es el motivo de tu llamada. Es posible que ya hayan tenido experiencias negativas con vendedores insistentes de modo que lo que obtienes con frecuencia es una sensación de rechazo que suele no ser muy agradable. Y cuando logras la cita para hacer la presentación, el nivel de tensión de estos clientes potenciales tiende a continuar muy alto debido a que desde un comienzo tienen la guardia arriba y están a la defensiva.

La gran diferencia en relación con los referidos es que, cuando surge un prospecto a través de una recomendación, la tensión por lo general es mucho más baja. Es indudable que el mercadeo en redes a través de referidos conduce a un entorno más libre de tensiones en el que el prospecto está mucho más abierto a explorar nuevas oportunidades de negocios.

En su libro *Consiga más referidos ahora mismo* Bill Cates comparte las ventajas de construir un negocio donde los nuevos prospectos sean referidos de clientes o socios existentes en lugar de contactos en frío. Además, Bill presenta algunas ideas que nos ayudan a disipar las tensiones comunes en las reuniones de negocios.

De acuerdo a Cates, durante las citas de ventas (y no debemos olvidar que la presentación de la oportunidad de negocios en el sentido estricto de la palabra también es una cita de ventas) la cercanía hacia el nuevo prospecto es la que permite que él o ella esté dispuesto a revelar sus inquietudes, metas y sueños. Dicho aspecto nos permitirá descubrir sus preocupaciones, necesidades y alternativas así como a establecer un segundo encuentro (seguimiento) en el cual sea factible aportar más argumentos para la toma de decisiones.

Cualquiera que sea la oportunidad de negocio que ofrezcas o el producto que vendas, y sea cual sea el ciclo de ventas que tengas, es la relación que establezcas con tu prospecto la que te permitirá ejercer influencia sobre él y ayudarlo a tomar una decisión. Y una vez tu prospecto se convierta en un cliente o un asociado, cuanto mejor sea la relación, mejor vínculo de apoyo crearás.

Cómo ir más allá de ser solo un vendedor

Cates es claro en que odia los términos *vendedor* y *proveedor* e insiste en que, a menos que estemos interactuando con un prospecto que pida utilizar esas palabras, es preferible utilizar la expresión socio. ¿Cuál es la diferencia? Un socio siempre está interesado en crear situaciones ganar/ganar donde en cada transacción tanto el comprador como el vendedor resulten beneficiados.

Si no estableces relaciones de calidad con tus prospectos, clientes, referidos y aliados, no lograrás un suministro continuo de referidos, y como ya hemos dicho, esta es la materia prima del negocio. Los líderes más exitosos en el multinivel son aquellos que entienden que el mercadeo a través de los referidos es mucho más que una serie de técnicas, que es una filosofía, una forma de hacer negocios, un enfoque mental que hace que el punto central sea las relaciones interpersonales. Es una dinámica que crea relaciones —verdaderas relaciones de amistad— en las que cada una de las partes de la relación trabajará con entusiasmo para servirle a la otra.

Jim Cathcart, autor del libro *Relationship Selling (Relaciones de ventas)*, señala que todos los empresarios y vendedores exitosos tienen dos características en común: primera, les encanta vender —y de hecho prosperan en ello—. La segunda, y de igual importancia, es que ellos manifiestan gran respeto por sus prospectos y clientes. Estas dos cualidades son claves trascendentales para el éxito en las relaciones de negocios. Como lo expresa Jim: "La venta debe ser un acto amistoso, una transacción que realizamos con la gente y para ayudarle a la gente".

Aunque las presentaciones de negocios y las demostraciones de productos han cambiado con el correr de los tiempos, y han abandonado el estilo del vendedor adversario que busca presionar al prospecto a actuar, todavía quedan vestigios de ese estilo en el lenguaje de las ventas. Un ejemplo de esto es el uso del verbo "cerrar", el cual utilizamos para indicar la culminación de la venta o el último paso en la presentación de la oportunidad de negocio. ¿Pero en realidad estamos hablando de un verdadero cierre? Un cierre implica un final, un acto hacia la gente en vez de para la gente. Lo que en realidad estamos haciendo al firmar un contrato es confirmar el comienzo de una relación de negocios con un nuevo distribuidor o cliente preferencial a través de la venta, o mejor aún, estamos llevando esta relación al siguiente nivel.

La clave siempre está en escuchar activamente

Los empresarios novatos creen que el secreto de auspiciar personas y ampliar su red está en saber hablar. Sin embargo, los que llevan más tiempo en el negocio y han alcanzado los niveles más altos en sus organizaciones han aprendido que el verdadero secreto para patrocinar nuevos distribuidores o crear nuevos clientes es saber escuchar. Por eso ellos se dan a la tarea de escuchar activamente, escuchan con todos los sentidos, se esfuerzan por eliminar las distracciones y le prestan total atención a su interlocutor en lugar de estar preocupados por lo que van a decir tan pronto él pare de hablar.

El problema es que, como escribe Bill Cates, vivimos en una sociedad de personas que escuchan muy pobremente y por desgracia muchos vendedores y dueños de negocios encajan en esta descripción. Nunca se nos enseña a ser eficaces al escuchar —a pesar del hecho de que, como lo he indicado en mi libro *Cómo comunicarnos en público con poder, entusiasmo y efectividad*, casi la mitad de la comunicación humana consiste en escuchar a otros—. Se nos enseña a leer, escribir, hablar, pero muy rara vez se nos enseña a escuchar.

Sin embargo, la habilidad más importante que debemos aprender para cultivar relaciones positivas es la de escuchar. Todo el mundo quiere que lo escuchen. Cuando uno escucha con atención a otra persona, con sincera empatía, ella lo siente. Así que debemos cultivar la habilidad de escuchar bien a nuestros prospectos, clientes y recomendados para construir confianza. Escuchar nos permite aprender más sobre ellos de modo que estemos en mejor condición de ayudarles. Si no cultivamos buenos hábitos de escucha, nos perderemos de muchas oportunidades de servirles a otros y de hacer crecer nuestro negocio.

Como ya vimos, escuchar es un asunto de aprender a manejar las distracciones externas (ruidos, teléfonos, etc.) y las internas las cuales incluyen actitudes como la de estar preparando nuestra respuesta mientras nos hablan, desconectarnos mentalmente cuando no estamos de acuerdo con algo dicho o prestarle más atención al estilo, acento o apariencia de la persona que a lo que nos está diciendo.

El promedio de la gente habla casi siempre a una velocidad de entre 100 y 120 palabras por minuto, pero el cerebro está en capacidad de procesar entre 400 y 500 palabras durante ese mismo tiempo. De modo que, aún si estamos prestando plena atención, todavía tenemos muchísimo tiempo libre en nuestra cabeza y la forma como manejemos ese tiempo libre determina la calidad de lo que escuchamos, y en últimas, también la calidad de la relación que logremos establecer.

Tony Alessandra, autor y conferencista exitoso que ha escrito numerosos libros sobre la dinámica de escuchar con eficacia, *dice* que existen tres formas de escuchar: marginal, evaluativa y activa.

Quienes escuchan de forma marginal están más preocupados con sus propios pensamientos o sentimientos que con los que su interlocutor les está transmitiendo, por lo cual, no solo malinterpretan mucho de lo que él les dice, sino que terminan manifestando una actitud egoísta y arrogante.

Aunque quienes escuchan de forma evaluativa lo hacen mejor que quienes escuchan marginalmente, todavía no están del todo presentes en la conversación. Ellos se caracterizan porque están categorizando o evaluando lo que les dicen en vez de escuchar y enfocarse en el mensaje; están más concentrados en preparar una respuesta y en terminar las frases de sus interlocutores dando así la impresión de tener prisa en concluir la conversación.

Escuchar activamente implica deseo y esfuerzo de nuestra parte. Los que escuchan de forma activa se concentran en lo que les dicen, controlan sus impulsos por completar frases ajenas, atienden con paciencia, hacen un esfuerzo por prestar total atención con empatía y entender el punto de vista de su interlocutor, y además le dan retroalimentación.

Esta es la manera en que debemos escuchar cuando estamos compartiendo nuestra oportunidad de negocio. Debemos demostrarle a nuestro interlocutor que lo estamos escuchando. Si no hacemos ese esfuerzo, el valor de haberlo escuchado se perderá. El acto de escuchar con total atención es un regalo que les hacemos a todos nuestros prospectos, clientes y referidos para que se sientan más cómodos con nosotros. Esto no solo nos convertirá en mejores comunicadores, sino que nos ayudará a construir redes de mercadeo más sólidas.

Puntos de acción

1. Ten presente que el éxito de toda actividad del negocio es el resultado de nuestra capacidad para desarrollar relaciones positivas con todo nuevo prospecto, cliente o distribuidor. Las relaciones interpersonales determinan el éxito en cada etapa del desarrollo de una red de mercadeo: prospectar, invitar a una reunión, compartir la oportunidad de negocio, realizar el seguimiento, auspiciar y vender, todas son actividades fundamentadas en las relaciones interpersonales. Quiero pedirte que tomes un momento para reflexionar acerca de todas las aptitudes que te faciliten relacionarte mejor con los demás. Determina también qué características de tu personalidad están entorpeciendo las relaciones con tus clientes, distribuidores y prospectos y decide qué vas a hacer para corregirlas.

2. La materia prima de una red de mercadeo es la gente. Por esta razón, una de tus prioridades más importantes es alimentar esa lista de referidos de la que se nutre tu negocio. Además hay otro resultado positivo de trabajar con una lista de referidos: uno de los obstáculos más grandes en una reunión para compartir la oportunidad de negocio o realizar la demostración de tu producto con alguien más es la tensión que dicha situación genera en el nuevo prospecto. Es indudable que, cuando un prospecto o cliente potencial surge a través de una

recomendación de un conocido mutuo, la tensión suele ser mucho más baja lo cual facilita la relación ya que el prospecto está más abierto a explorar nuevas oportunidades. Escribe tres maneras en que aumentarías tu lista de referidos para que tu negocio nunca corra el peligro de no contar con su materia prima más importante.

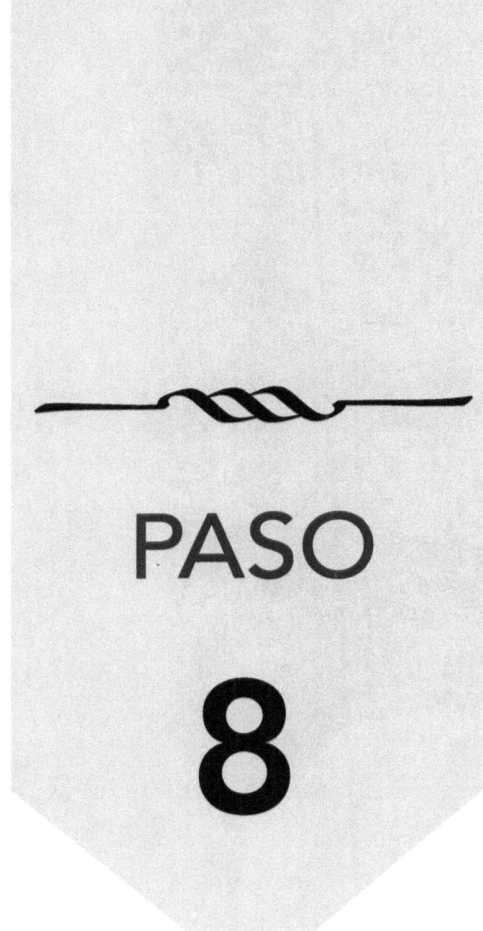

El arte de evitar que los problemas se conviertan en crisis

Es común escuchar en la industria de la venta directa y el multinivel que la clave del éxito está en lograr que toda actividad sea duplicable. Esto quiere decir que debemos facilitarles a los nuevos asociados lo necesario para el desarrollo de su red de manera que aprendan a dominar las claves esenciales de su negocio y a su vez sepan transmitirlas a sus propios patrocinados. Sin embargo, para hacer crecer una red de mercadeo de forma sostenida en el tiempo debemos asegurarnos de que el sistema que deseamos reproducir sea simple, sencillo de aprender y duplicable por cualquier persona, y que además sea fácil de llevar a la práctica.

En un sistema óptimo todo debe ser duplicable: desde el contacto con un nuevo prospecto, la manera de compartir la oportunidad de negocio, el seguimiento, hasta la ayuda a los nuevos auspiciados. De nada sirve una actividad que, por una u otra razón, solo unos cuantos estén en capacidad de realizar. Cuando todo lo que hace que el negocio crezca es duplicable, el negocio prospera y la red se expande.

Sin embargo, un aspecto al que pocas veces le prestamos atención es al hecho de que en un negocio de duplicación "todo" es duplicable, hasta lo que no es conveniente ni habíamos anticipado. ¿A qué me refiero? Quien haya trabajado alguna vez en un negocio multinivel sabe que en una red de mercadeo tanto lo positivo como lo negativo tiende a duplicarse. De hecho, es una lástima que los comportamientos no muy edificantes suelen reproducirse con mayor facilidad que aquellos que nos reportan crecimiento personal y empresarial. Los malos hábitos, los chismes, las quejas y las conductas poco éticas tienden a reproducirse en casi toda organización, y si no se corrigen de manera inmediata y en el mismo instante en que aparezcan, podrían significar el fin de cualquier negocio.

Todo líder, tarde o temprano, se da cuenta de que en cualquier red de mercadeo un problema desatendido, por pequeño que sea, tiene el potencial para alcanzar proporciones gigantescas en cuestión de minutos. Por esto ellos aprenden a solucionar los problemas y las situaciones difíciles tan pronto surjan.

No obstante, y a pesar de esta realidad, no todo el mundo actúa con prontitud; muchos evaden las situaciones difíciles, les dan soluciones cosméticas a circunstancias peligrosas, o peor aún, las ignoran con la esperanza de que desaparezcan o se solucionen por sí solas. En su libro *La piedrita en el zapato* Roger Dawson describe las siguientes seis razones por las cuales la mayoría de las personas evita lidiar con los problemas o se mueve tan despacio para solucionarlos pese a las consecuencias negativas de tal lentitud:

1. La trampa de la evasión defensiva

Esta es una de las razones más frecuentes. Es la tendencia común a evitar los conflictos que se generan al lidiar con un problema. En la resolución de problemas este deseo sicológico de escapar genera tres respuestas o actitudes que hacen lento el proceso de la toma de decisiones: (a) "Esto no me puede estar pasando a mí"; (b) "Voy a prestarle atención más tarde"; (c) "Que alguien más se preocupe de eso".

La primera actitud es de autonegación. En lugar de enfrentar el problema pensamos: "Esto no me puede estar pasando a mí. Le pasará a otros, pero no a mí. Ya sé que diez restaurantes han quebrado en este mismo lugar, pero ellos no hacían lo que yo voy a hacer. No dejaré que me pase lo mismo a mí".

La segunda actitud es: "Voy a prestarle atención más tarde". En lugar de reconocer que tenemos un problema que requiere solución inmediata pensamos: "Tengo muchas otras cosas por hacer y esto puede esperar". Optamos por postergar las decisiones debido a que otras actividades son menos conflictivas.

Y la tercera actitud que proviene de la evasión defensiva es: "Que alguien más se preocupe por eso". Sin embargo, si eres el líder de una red, esa es una actitud desastrosa que bajo ninguna circunstancia puedes adoptar. Cuando eres tú quien está al frente de la organización, la responsabilidad es tuya.

2. La actitud de "no arregles lo que no se ha roto"

La segunda razón que te detendrá de actuar con prontitud es estar satisfecho con lo que tienes. Esa actitud termina por hundirte. En el mundo de hoy, si esperas a que tu negocio se rompa para arreglarlo, será demasiado tarde. Debes anticipar que, si desatiendes ciertas áreas o situaciones, se romperá en cualquier momento. La mejor manera de solucionar un problema es evitándolo, actuando proactivamente, anticipándose a las circunstancias y épocas difíciles antes de que lleguen.

Gillette iba hacia la cima en 1990. Era la empresa líder del mercado en máquinas de afeitar desechables y de cartucho con un margen de tres a uno. Aun así se gastó $200 millones de dólares para desarrollar la máquina de afeitar Sensor, y otros $175 millones para publicitarla lo cual equivalía a mucho más que el total de sus ventas del año anterior. Y tenía una buena justificación para no hacerlo: "No lo arreglemos porque no está roto", "¿Para qué cambiar lo que ha venido funcionando bien?". Sin embargo, Gillette sabía que inclusive su éxito y su crecimiento no eran sostenibles por mucho tiempo en el ambiente de negocios actual. Jamás te duermas en los laureles, asegúrate siempre de continuar innovando, mejorando y anticipando.

3. La obsesión por incluir las ideas de todos

La tercera razón por la cual muchos actúan con lentitud frente a una decisión es el deseo insistente por involucrar a terceros en el proceso de solución de problemas. La lluvia de ideas es una estrategia muy valiosa para encontrar una buena solución, pero no debes permitir que debido a ella se retrase demasiado la toma de una decisión. Establece una fecha límite. Involucra a tantas personas como sea necesario, pero no lo hagas si con esto se retrasa mucho todo el proceso. A menos que algo importante ocurra para cambiar la fecha límite, cúmplela. Si no logras un consenso y la fecha está cerca, toma la decisión.

Muchos líderes quieren involucrar a toda la organización en la solución de un problema por temor a parecer dictatoriales o herir susceptibilidades. Pero lo cierto es que, como líder tú eres el responsable, el que más experiencia tiene. Un distribuidor que recién entra al negocio no está en posición de aportar mucho a la solución de un problema del que poco conoce. El querer involucrar a todos suele resultar contraproducente. Consulta solo con quienes sabes que te aportarán soluciones creativas. Si esto no es posible, recuerda que una decisión no tan óptima puesta en marcha hoy es mucho más efectiva para solucionar un problema que una solución extraordinaria que jamás lleves a la práctica.

4. El peligro de la saturación de información

Uno de los peores problemas al momento de solucionar una dificultad es nuestra obsesión con la información. Nos saturamos de ella, creemos que esa es la única manera de actuar de forma sensata y olvidamos que a veces la demasiada información es una amenaza. Tenemos acceso a muchos datos y es fácil confundirnos porque tanta información se nos convierte en un ruido mental que bloquea el pensamiento intuitivo. En lugar de facilitar el proceso de toma de decisiones o la solución de problemas, lo dificulta y lo entorpece. Por esto siempre he dicho que el exceso de análisis produce parálisis.

5. Los vanos intentos de predecir el futuro

La quinta razón para la lenta solución de un problema es el tiempo perdido en intentos por predecir el futuro. Ni los economistas pueden hacerlo porque fallan en sus predicciones puesto que no aceptan que las personas casi siempre hacen lo que les conviene para sus intereses. En todos los demás negocios trabajas bajo esa suposición, pero los economistas se niegan a tener este aspecto en cuenta.

¿Cuál es mi conclusión acerca de todo este tema sobre el futurismo? Que, sin lugar a dudas, el futurismo es fascinante, pero rara vez es exacto. Por ejemplo, piensa en los carros con combustible de hidrógeno. Hemos estado aprendiendo por 30 años que estos carros limpiarían el aire en lugar de contaminarlo, pero, ¿en dónde están esos carros? En 1965 Herbert Simon, un experto en inteligencia artificial, predijo que para 1985 las máquinas serían capaces de hacer todo lo que el ser humano no hace. Sin embargo, aún no hay señales de que esto se vaya a cumplir.

¿Recuerdas esa predicción de que, una vez hubiera un computador en cada hogar, todos nuestros problemas de tráfico acabarían? Los futuristas estaban convencidos de que la mayoría de las personas trabajaría desde su casa. Y no solo se acabarían los problemas de tráfico, sino que habría un movimiento masivo de gente de las ciudades hacia el campo ya que muchos no tendrían que desplazarse a sus lugares de trabajo todos los días. ¿Qué pasó con esa idea?

¿Qué tan relevantes son las predicciones para tu negocio? Es mucho mejor monitorear lo que está sucediendo y responder con prontitud que perder tiempo tratando de predecir el futuro.

6. El temor al fracaso

Quizá la razón más común por la que muchos se niegan a actuar con prontitud y prefieren tomar decisiones de forma lenta es muy obvia: el miedo al fracaso. Están tan preocupados por el hecho de que su solución no sea acertada y fracasen en su intento de solucionar un problema o una situación difícil que optan por no hacer nada. El miedo los paraliza y su pasividad se encarga de agrandar el problema.

La mejor manera de superar el temor al fracaso es imaginarte el peor escenario posible. ¿Qué es lo peor que puede suceder si tomas la decisión equivocada? Quizá lo que sucedería no es tan malo como te imaginas. Allá afuera hay millones de personas diciéndote que las cosas no te van a salir bien, pero cuando miras su experiencia, es muy poca. Están diciéndote que no funcionará y sin embargo ninguna vez lo han intentado por sí mismas. Mi regla: nadie está autorizado para decirme lo que puedo o no lograr.

¿Quieres evitar que los problemas se conviertan en crisis? Asegúrate de no caer en ninguna de las seis trampas antes citadas. Recuerda que en una red de mercadeo es necesario colocar dos perspectivas en la balanza. En uno de los platos está el hecho de que nuestras decisiones, acertadas o erradas, afectarán la vida y los negocios de muchas personas. Esto nos obliga a actuar con responsabilidad al momento de solucionar cualquier problema. Evitemos caer en la trampa que ilustra aquel proverbio que advierte que a veces "la cura es peor que la enfermedad". Sin embargo, y esto es lo que debemos colocar en el otro plato de la balanza, no permitamos que esta preocupación de tomar la decisión equivocada nos paralice y nos impida darles solución a situaciones que, de no ser atendidas, condenarán nuestro negocio al fracaso.

En un negocio de duplicación es muy peligrosa la idea de dejar que el tiempo se encargue de solucionar los problemas. Determina si alguno de estos seis errores (la evasión, la actitud de "no lo arregles lo que no está roto", el error de querer involucrar a todo el mundo en la toma de decisiones, la obsesión con reunir demasiada información, la pérdida de tiempo tratando de predecir el futuro o el miedo al fracaso) te está paralizando. Si es así, ¡mata esa vaca y actúa!

Puntos de acción

1. En una red de mercadeo todo es duplicable, tanto lo positivo como lo negativo. De hecho, los comportamientos dañinos tienden a reproducirse con mayor facilidad que los buenos. Los malos hábitos, los chismes, las quejas y procedimientos poco éticos suelen duplicarse con gran rapidez en una organización, si no se corrigen tan pronto aparezcan. Toma unos momentos para establecer qué conductas o actitudes son inadmisibles en tu negocio y determina hoy mismo cómo responderás a ellas en caso de que aparezcan.

2. Todo problema, por pequeño que parezca, si no es atendido a tiempo, tiene el potencial para alcanzar proporciones gigantescas en pocos minutos. Debemos aprender a darles solución a los problemas de manera inmediata. Muchas personas evaden las situaciones difíciles, les dan soluciones cosméticas o, peor aún, las ignoran con la esperanza de que desaparezcan por sí solas. No te engañes tratando de convencerte de que no es nada de gravedad, que les prestarás atención más tarde o que alguien más se preocupará por solucionarlas. Si eres el líder de una red, cualquiera de estas actitudes resultaría desastrosa para tu negocio. Toma la decisión de ser un emprendedor de acción.

No importa que te caigas siete veces mientras que te levantes ocho

De todas las cualidades y habilidades que debes tener para triunfar en cualquier tipo de negocio, una de las más importantes es la resiliencia, es decir, la capacidad para persistir y no darte por vencido, para sobreponerte a las caídas y fracasos, para levantarte y continuar el camino con renovado entusiasmo y seguridad en tus habilidades. Esta capacidad de recuperarte de las caídas, rebotar y persistir es vital para lograr tus metas, no solo en los negocios, sino en cualquier área de la vida.

Ahora bien, lo cierto es que no todas las personas responden de la misma manera ante los retos y las situaciones difíciles que se les presentan. Me gusta la ilustración que utiliza a este respecto Liggy Webb en su libro *Feliz porque me da la gana*. Liggy cuenta que una joven llamada Sara se sentía harta y muy triste porque hacía poco tiempo había perdido su empleo; no tenía mucho dinero y además acababa de romper con su novio. Entonces Sara decidió visitar a su madre, Elizabeth, para contarle que estaba cansada de luchar y luchar, y que sentía que estaba a punto de darse por vencida.

Elizabeth la escuchó pacientemente, en seguida le dijo que quería mostrarle algo y la llevó a la cocina. Una vez allí procedió a llenar tres ollas con agua y las colocó sobre la estufa para ponerlas a hervir. Luego, en la primera olla la madre echó un par de zanahorias; en la segunda, dos huevos; y en la última, un par de cucharadas de café.

Las dos permanecieron en silencio mientras veían que el agua empezaba a hervir. Unos quince minutos después, Elizabeth apagó el fuego, sacó las zanahorias y las puso en un plato, hizo lo mismo con los huevos y por último vertió un poco del café en una taza. Luego le preguntó a su hija: "¿Qué ves?". "Zanahorias, huevos y café", respondió Sara.

Elizabeth hizo que la chica se acercara y tocara las zanahorias. Sara notó que estaban blandas. Luego, le pidió que tomara un huevo y lo rompiera. Después de quitarle la cáscara, Sara observó que el huevo estaba duro. Por último, le pidió que probara el café, y ella lo hizo disfrutando de su rico aroma.

Entonces Sara le preguntó a su madre: "¿Qué estás tratando de mostrarme?". Elizabeth le explicó que, aunque cada uno de los tres elementos enfrentó la misma adversidad al haber sido sometido al agua hirviendo, cada uno reaccionó de forma diferente.

La zanahoria entró al agua fuerte y dura. Sin embargo, después de haber estado hirviendo, se hizo débil y blanda. El huevo entró siendo frágil, su fina cáscara protegía su interior líquido, pero después de haber estado en agua hirviendo, su interior se endureció. Sin embargo, los granos de café fueron únicos porque, después de haber estado hirviendo, tuvieron la capacidad de transformar el agua.

"¿Cuál eres tú?", le preguntó Elizabeth a su hija. "Cuando enfrentas una adversidad, ¿cómo respondes? ¿Eres una zanahoria, un huevo o un grano de café?".

Sara parecía confundida, así que Elizabeth le sugirió que se hiciera las siguientes preguntas:

- ¿Soy la zanahoria que parece fuerte pero, con el dolor y la adversidad, me vuelvo débil y pierdo mi fortaleza?

- ¿Soy el huevo, que comienza con un corazón moldeable, pero que cambia con el calor? ¿Tenía un espíritu fluido, pero después de una pérdida, una ruptura o una situación difícil mi cáscara se ve igual, pero por dentro mi espíritu y mi corazón se han endurecido?

- ¿O soy como el grano de café? El café, que en lugar de endurecerse o debilitarse, cambia al agua hirviendo bajo las mismas circunstancias que le generan dolor. De hecho, es cuando el agua se calienta que estos granos liberan su esencia: su fragancia y su sabor. Si eres como el grano de café, cuando las circunstancias empeoren, tú mejoras y cambias tu entorno y tus circunstancias.

Entonces, pregúntate cómo respondes cuando las circunstancias son más difíciles y las pruebas más duras: ¿te elevas a otro nivel y cambias tus circunstancias o permites que sean ellas las que te cambien?

¿Cómo enfrentas la adversidad? ¿Cómo respondes cuando, después de viajar tres horas a hacerle seguimiento a un nuevo prospecto que dos días atrás no hallaba la hora de empezar su negocio, encuentras una nota en la puerta que dice: "Cambiamos de opinión"? ¿Qué haces cuando realizas tu mejor presentación de negocios ante un grupo grande y nadie se siente inspirado a entrar al negocio? ¿Cuál es tu actitud cuando ocurre cualquier otra situación de esas que te hacen querer renunciar y olvidarte de todo? ¿Eres una zanahoria, un huevo o un grano de café?

Tener la capacidad para recuperarte de los desafíos que enfrentas en la vida no solo es útil sino vital en este negocio en el que encuentras tantos retos. La resiliencia parece ocupar el primer lugar en la agenda cuando se trata de hacerle frente a la vida. Una de las grandes enseñanzas del negocio es que la capacidad de levantarte, sacudirte el polvo y seguir adelante es esencial para llevar una vida feliz. Ten la plena seguridad de que estarás mejor en la medida en que logres recuperarte más rápido de los pequeños dramas que enfrentes en tu camino hacia la realización de tus sueños.

Cuando comprendamos que tenemos solo una vida nos daremos cuenta de cuanto tiempo perdemos quejándonos de nuestras caídas cuando deberíamos estar recuperándonos y poniéndonos de pie para aprovechar las maravillas que tenemos a nuestro alcance todos los días.

El poder de la resiliencia personal

La palabra resiliencia proviene del término latino *resilio*, que significa "rebotar", y la utilizamos en nuestro lenguaje cotidiano para describir nuestra habilidad para enfrentar la adversidad y recuperarnos de ella. Algunos la describen como la capacidad de doblarnos sin quebrarnos cuando nos encontramos bajo presión; como la capacidad de perseverar y adaptarnos cuando enfrentamos retos difíciles. La resiliencia nos ayuda a ser más abiertos y a estar más dispuestos a asumir nuevas oportunidades. De esta manera ser resiliente es algo más que únicamente sobrevivir, se trata de liberar y aprender a crecer.

Una persona resiliente no solo sabe manejar las experiencias difíciles cuando estas se presentan, sino que también sabe recuperarse con rapidez. La buena noticia es que todos podemos desarrollar esta capacidad al controlar nuestros pensamientos, conductas y acciones.

Durante las últimas décadas los sicólogos han descubierto que es posible identificar los elementos de la resiliencia natural de manera que desarrollemos técnicas para ayudar a las personas con baja capacidad de recuperación a aumentar su resiliencia. Esto no solo les permitirá responder mejor a las dificultades que enfrenten a nivel personal y profesional, sino que les ayudará a desarrollar una mayor confianza en sus propias habilidades, a incrementar su nivel de rendimiento y productividad general y a responder de manera proactiva a la adversidad.

William Frankenburg, uno de los padres de la investigación de la resiliencia, fue pionero de un método que desarrolla y fortalece las características resilientes. La teoría de la resiliencia positiva rechaza la idea de que el riesgo es algo que hay que evitar. Más bien, se concentra en aquellos factores que promueven el bienestar de las personas que enfrentan la adversidad. En lugar de asumir una postura defensiva ante el riesgo, la teoría de la resiliencia considera que la vida, con todos sus altibajos, es para aprovecharla, y que enfrentar los riesgos y recuperarse de la adversidad resultan ser experiencias positivas.

Examinando estos factores podrás determinar cómo se encuentra tu capacidad de recuperación. Pregúntate si ante una situación particularmente difícil ¿tienes la habilidad para sacudirte el polvo, conservar la calma y seguir adelante? O si sientes que recuperarte de una situación adversa te resulta agotador.

Yo creo que podemos aprender mucho de examinar a qué se debe que algunas personas prosperen ante la adversidad mientras que otras entren en pánico y se encierren en sí mismas. La buena noticia es que, aunque hay quienes parecen haber nacido con más resiliencia que otros, inclusive quienes tienen una menor capacidad de recuperación aprenden a prosperar y salir adelante cuando las situaciones se vuelvan difíciles.

¿Cómo podemos aumentar nuestra resiliencia?

Con frecuencia vemos en la televisión historias que nos muestran todo aquello de lo que es capaz el espíritu humano ante la adversidad. Al ver la manera en que muchos han decidido sobreponerse a situaciones que harían doblegar a la mayoría de los seres humanos no cabe más que preguntarnos ¿qué hace que ciertos individuos sean más resilientes que otros? De acuerdo a varios sicólogos parece que hay ciertos comportamientos que caracterizan a la gente resiliente y le ayudan a recobrarse de las dificultades más extremas. De hecho, una de las mayores contribuciones que Liggy Webb hace en su libro *Feliz porque me da la gana* es compartir diez de estos comportamientos y características. Debo aclarar que él en ningún momento afirma que esta sea una lista definitiva, pero sí es un excelente punto de partida para desarrollar una mayor resiliencia en nuestra propia vida.

1. Toma control de tus emociones

Hay quienes se abstraen cuando ocurre algo difícil y desafiante. Otros prefieren exteriorizarlo y hacer que todo el mundo lo sepa. Algunos llegan a hacer un verdadero drama y crean tormentas en vasos de agua. Si tienes consciencia emocional y cultivas tu capacidad para saber cómo reaccionar ante ciertas situaciones, no solo lograrás tener más control de ti mismo, sino que serás más considerado con respecto a cómo tus reacciones afectan a los demás.

Las emociones extremas son muy agotadoras. Si procuras balancear y controlar tus emociones en medio de cualquier prueba, lograrás concentrar tu energía en el punto correcto. Quienes tienen una mejor consciencia emocional son más empáticos, es decir, saben identificar y comprender las emociones de los demás. Su consciencia emocional les sirve para ser más resilientes, les ayuda a construir mejores relaciones con los demás y les permite brindar más apoyo social.

En ocasiones, al construir una red de mercadeo, perdemos este control emocional. Nos tomamos ciertas situaciones muy a pecho, no sabemos distinguir entre las relaciones de negocios y las relaciones personales. Esto sucede porque muchas de las personas que auspiciamos en el negocio son familiares o amigas, gente cercana a nosotros. De manera que, si estamos enojados con ellas por alguna razón personal o familiar, permitimos que esta actitud afecte nuestra relación de negocios y cree malestar en toda la organización.

En otras ocasiones sucede lo contrario: observaciones o comentarios que recibimos sobre algún aspecto del negocio terminan afectándonos a nivel personal y los sentimos como ataques y críticas a nuestra integridad personal. Así que lo importante es siempre, en un espíritu de cordialidad, entusiasmo y cortesía, mantener el control de nuestras emociones de manera que ellas nunca sean una barrera para la construcción y el buen desempeño del negocio.

2. Evita el síndrome del "pobre de mí"

Cuando algo difícil nos sucede, corremos el riesgo de terminar sintiendo lástima por nosotros mismos. Esta actitud no es nada útil y por lo general nos aleja más de donde en realidad queremos estar. Sin embargo, algunas personas parecen encontrar algo de consuelo al jugar el papel de víctimas formulando preguntas como: "¿Por qué siempre me sucede esto a mí?". Quienes se inclinan por adoptar esta actitud tienen cierta esperanza de que alguien venga a resolverles el problema. Esta mentalidad resulta agotadora para los demás.

En el negocio el hecho de sentir autocompasión es casi siempre el resultado de la falta de confianza en nuestras propias habilidades. La gran mayoría de las personas que entra al multinivel casi nunca ha formado parte de un negocio, jamás ha estado involucrada en actividades comerciales o de ventas y pocas veces ha tenido que hablar en público frente a un grupo de extraños. Es de esperarse entonces que muchas de ellas se sientan amedrentadas y poco seguras de sí mismas al empezar su negocio. Si esta actitud persiste, pronto caerán en la trampa del "pobre de mí", o peor aún, de la actitud de total dependencia de: "Y ahora, ¿quién podrá defenderme?", que solían expresar los personajes en apuros esperando que el "Chapulín Colorado" viniese a rescatarlos.

3. Hazte responsable de tus acciones

Asumir la responsabilidad de tus circunstancias en lugar de crear culpables te permite buscar soluciones. Por cierto, esta es la forma más productiva de abordar cualquier adversidad. A menudo obtienes mucho más control del que crees. Si estás en el asiento del pasajero entonces debes tomar la posición del conductor y elegir tu camino en medio de lo que sea que estés viviendo.

Sin embargo, esta no es una actitud que se dé de manera espontánea en la mayoría de la gente. Por esta razón, uno de los compromisos más importantes de cualquier empresario para con todo nuevo distribuidor que entre a formar parte de su red de mercadeo es ayudarle a lograr este nivel de independencia y autonomía lo más rápido posible. Muchos empresarios evitan hacerlo por temor a que el nuevo distribuidor renuncie. Es obvio que no se trata de abandonarlo a su suerte y delegarle toda responsabilidad puesto que el negocio es una actividad que le es totalmente nueva. De lo que se trata es de acompañarlo en su proceso de crecimiento delegándole cada vez más tareas para que pronto se adueñe de su negocio y de su futuro.

4. Sé optimista

El optimismo consiste en tener esperanza y creer que el mal tiempo pasará y que siempre existe la posibilidad de que las circunstancias mejoren. Es una confianza realista, muy diferente al optimismo ilusorio. Por ejemplo, los que son optimistas ciegos creen que su actitud es lo único que necesitan para salir adelante y no toman los pasos correctivos necesarios para darle la cara al problema que están enfrentando, lo cual, en lugar de ayudar suele obstruir la solución.

El mantener una actitud positiva en medio de periodos oscuros no siempre es fácil. Ser optimista no significa ignorar el problema para concentrarse pasivamente en resultados positivos. Significa comprender que las adversidades son transitorias y que tú tienes la capacidad y las destrezas para hacerles frente. En otras palabras, los resultados deben motivarte a aprender, tratar, mejorar, crecer y actuar; no solo a fantasear con lo bueno que sería verlos hechos realidad sin hacer nada al respecto.

5. Sé flexible

La flexibilidad hace parte esencial de la resiliencia. Al aprender a ser más adaptable estarás mucho mejor equipado para responder a la adversidad o a cualquier crisis que enfrentes. Las personas resilientes suelen utilizar estos eventos como oportunidades para extenderse en nuevas direcciones. Si bien algunos se sienten aplastados ante los cambios bruscos, quienes son altamente resilientes saben adaptarse y prosperar. Cuando aceptamos que ningún problema va a durar una eternidad y que todo cambia, comenzamos a crecer. El empresario inexperto que se siente incómodo con las nuevas actividades propias de su negocio, pero aun así las realiza, pronto ve recompensada su flexibilidad al adquirir más y más confianza en sus habilidades.

6. Cree en ti mismo

Las investigaciones han demostrado que la autoestima juega un papel muy importante al enfrentar el estrés y en la recuperación de eventos difíciles. Lo triste es que muchas personas sufren de una pobre autoestima como producto de su dialogo interno ya que en lugar de enfocarse en sus talentos, habilidades y fortalezas parecen vivir siempre enfocadas en sus debilidades, en lo que no tienen o en lo que creen que les hace falta.

De hecho, después de más de dos décadas ofreciendo talleres y seminarios a algunas de las empresas más grandes de la industria he podido descubrir que el mayor reto que enfrentan las empresas de mercadeo multinivel no es lograr que los nuevos distribuidores crean en la empresa, en los productos o en el plan de compensación, sino lograr que crean en ellos mismos.

¿Qué puedes hacer? Acuérdate de tus fortalezas y logros. Aprende a enfocarte en ellos. En un cuaderno o en un diario conserva un registro de estos, así recordarás de lo que eres capaz. Tener más confianza en tu capacidad para responder y enfrentar las crisis también aumenta tu resiliencia. Los desafíos son a veces escalones o piedras de tropiezo, es solo cuestión de cómo los ves y de cuánta fe tienes en ti mismo para superarlos.

7. Libérate del peso de las experiencias pasadas

Una parte clave de la resiliencia es la capacidad de liberarnos, de desintoxicarnos. Hay quienes llevan a cuestas mucho equipaje personal, el cual en efecto incide sobre su capacidad para recuperarse. La siguiente historia acerca de dos monjes zen ilustra este punto muy bien:

Un monje mayor y uno joven iban viajando juntos y en un momento dado llegaron a un río bastante caudaloso. Cuando se disponían a cruzarlo vieron que una bella mujer también estaba intentando cruzar, y como ella les pidió ayuda, el monje mayor, llevándola en sus hombros, cruzó el río y la dejó en el otro lado. El monje joven se sintió algo molesto, pero no dijo nada. Al continuar su camino el monje mayor notó que el joven de repente se había quedado en silencio, así que le preguntó: "¿Sucede algo? Veo que estás muy molesto". El joven monje le respondió: "Como monjes no se nos permite tocar a ninguna mujer. ¿Por qué llevaste a esa mujer en tus hombros?". El monje mayor le respondió: "Hace mucho tiempo dejé a esa mujer en el otro lado del río, sin embargo, parece que tú sigues cargándola".

El monje mayor, con su mente libre, vio la situación, respondió a ella y siguió en el presente para dar el siguiente paso después de haber descargado a la mujer. Pero el monje más joven estaba atado a sus pensamientos, se aferró a ellos durante horas y al hacerlo se perdió de la experiencia de la siguiente parte del viaje.

El apego mental a una idea o una experiencia previa bloquea la experiencia completa del presente, del aquí y ahora. Para evaluar una situación que requiere una decisión la mente debe estar abierta a todas las posibilidades. Estar anclados al pasado limita nuestras opciones. Es fácil quedar atrapados reviviendo situaciones y especulando sobre lo que pudimos, habríamos o debimos haber hecho. Pero estancarnos pensando en las posibilidades perdidas es un desperdicio de tiempo porque es imposible devolver el tiempo y cambiar el pasado. Es más sabio aprender las lecciones positivas que el pasado nos dejó y luego liberarnos de su peso.

8. Evita el fatalismo

El fatalismo es una forma distorsionada de pensamiento que consiste en exagerar las consecuencias de una acción al verla como un evento catastrófico. Albert Ellis, el creador de la Terapia Racional del Comportamiento Emocional, se refirió a esto como "catastrofismo". Las situaciones que son percibidas como indeseables o desagradables se ven terriblemente aumentadas en la mente. Tú mismo lo habrás experimentado o quizá lo haz observado en otros. Las personas muy ansiosas y estresadas son las principales candidatas para este tipo de mentalidad. Una imaginación muy activa puede desencadenar patrones de pensamiento que casi cobran vida y, antes de darnos cuenta, hemos vivido la experiencia sin que esta haya sucedido en realidad.

He conocido personas que al enfrentar situaciones muy difíciles llegan a crear escenarios monstruosos de los posibles resultados. Esto es útil, si eres Stephen King y vas a ganarte una fortuna produciendo libros de terror. Sin embargo, no es útil en la vida real.

9. Desarrolla tus habilidades para la resolución de problemas

Siempre que te encuentras con un nuevo reto haz una lista rápida de algunas de las posibles maneras para resolver el problema. Experimenta con diferentes estrategias y concéntrate en desarrollar un método lógico para solucionar las complicaciones más comunes. Al practicar con regularidad tus destrezas para la resolución de problemas, estarás mejor preparado cuando surjan desafíos serios. La autoeficacia es la confianza que tienes en tu capacidad de remediar este tipo de situaciones. En parte se trata de conocer tus fortalezas y debilidades y confiar en tu capacidad de resolver los problemas que enfrentes.

La gente resiliente tiene la capacidad de ver las situaciones difíciles desde muchos puntos de vista y considerar muchos factores. Así como un animal atrapado o acorralado descubre una ruta de escape en milésimas de segundo, tu subconsciente tiene impulsos que intuitivamente buscan y localizan soluciones. Si estás atascado es porque tu mente no tiene una respuesta dentro de su extensa base de datos. Es aquí donde la creatividad es una buena herramienta y resulta muy útil.

10. Establece metas claras

Las situaciones de crisis suelen ser de enormes proporciones e incluso llegan a parecer abrumadoras e insuperables. Las personas resilientes saben ver estas situaciones desde una perspectiva realista y luego establecen metas razonables y las enfrentan. Cuando te encuentres abrumado por una situación, da un paso atrás para evaluar lo que tienes delante de ti. Sugiere ideas de posibles soluciones y luego divídelas en pasos manejables.

Trazar metas tiene muchos beneficios. Establecer metas te da sentido, propósito y enfoque. Ellas te ayudan a desarrollar claridad, el primer paso para alcanzar lo que quieres en la vida. Las metas desbloquean tu mente positiva y liberan energías e ideas para el éxito y el logro. Sin metas quedas a la deriva y a la merced de las circunstancias. Con metas vuelas como una flecha directo hacia tu objetivo.

Cuando tienes claro hacia donde quieres ir, organizas tus pasos y acciones para llegar allá. Este conocimiento te ayuda a dividir el camino en porciones mucho más manejables y a sentirte más tranquilo y en control. Establecer metas también aumenta tu eficacia porque trabajas en lo que en realidad es importante para ti, tu confianza aumenta, desarrollas la capacidad de detectar cuándo una situación potencialmente traumática podría presentarse y a la vez entiendes que hay una oportunidad en dicha situación.

* * * *

Estos diez puntos te ayudan a evitar muchas de las situaciones difíciles que por lo general te aquejan. Sin embargo, debes entender que algunas de las mejores lecciones que podemos aprender suelen derivarse de estas situaciones dolorosas y difíciles que nos ayudan a crecer y a fortalecernos ya que, si todo el tiempo estuviéramos felices, sanos y contentos, nos preocuparíamos muy poco por nuestro crecimiento personal.

Las malas experiencias a veces nos ayudan a tomar tiempo para dedicárselo a nuestro interior, a ver lo que en verdad somos, a aprender a sentir compasión por el dolor de los demás y a mantener una mente abierta con respecto a las creencias nuevas y diferentes a las nuestras. También aprendemos a defendernos y descubrir otros caminos que antes no habíamos explorado.

Así que, incluso en tu momento más difícil, recuerda que este tiempo pasará y como consecuencia serás más fuerte, tendrás más conocimiento y formación. ¡Aprende la lección y recupérate siendo un poco más fuerte y mejor cada vez! Recuerda aquella exhortación de Confucio: "Nuestra mayor gloria no está en nunca caer, sino en levantarnos cada vez que caemos".

Puntos de acción

1. Tener la capacidad para recuperarte de los desafíos que enfrentas no solo es útil sino vital en tu negocio. De hecho, esta capacidad de persistir, no darte por vencido, sobreponerte a las caídas y fracasos, recuperarte, rebotar y continuar el camino con renovado entusiasmo y seguridad en tus habilidades, no solo es significativa para lograr tus metas en el negocio, sino para salir adelante en cualquier área de la vida. Pregúntate cómo respondes cuando las circunstancias son más difíciles y las pruebas más grandes: ¿te elevas a otro nivel? ¿Tienes la habilidad para sacudirte el polvo, conservar la calma y seguir adelante, o sientes que recuperarte de la adversidad te resulta arduo y agotador?

2. Una sólida red de apoyo entre tus amigos, familiares y socios funcionará como un elemento de protección en tiempos de crisis. Es importante tener personas en quienes confiar. Si bien el simple hecho de conversar acerca de una situación con un amigo o un ser querido no hará que esta desaparezca, sí te permitirá compartir tus sentimientos, recibir respaldo, escuchar opiniones y encontrar posibles soluciones a tus problemas. Escuchar las experiencias de otros también es muy útil y, aunque no siempre aprendemos de los errores de los demás, sin duda encontraremos un buen consejo, si conseguimos tranquilizarnos y escuchar con atención.

PASO 10

El éxito no es cuestión de suerte sino de planear y tomar acción

Muchos piensan que tener una meta clara y ser positivo y optimista en cuanto a cumplirla es todo lo que necesitan para ser felices y exitosos. Sin embargo, escoger tu destino, aunque sea vital e importante, es solo el punto de comienzo. Ahí apenas empieza el trabajo. Ahora es cuando te demuestras a ti mismo y a otros qué tan comprometido estás con el logro de dicha meta.

El hecho es que solo el 3% de las personas tiene metas claras y escritas con planes para alcanzarlas. Solo el 3% de los adultos trabaja en sus metas más importantes todos los días. En lugar de metas la gran mayoría de la gente tiene apenas deseos, esperanzas, sueños, ilusiones o fantasías. En otras palabras, muchos tienen la semilla de una meta, el germen de lo que sería un gran logro el cual podría disiparse con rapidez si ellos no logran darle claridad de enfoque y dirección.

La casa de tus sueños, el negocio de tus sueños o la relación de tus sueños seguirán siendo solo eso, un sueño, hasta que los acompañes de una fecha específica para su logro y de un plan de cómo esperas lograrlos. Solo cuando planeas a conciencia y preparas cada detalle de tu viaje estás seguro de alcanzar tu destino a tiempo.

En su libro *Plan de vuelo* mi buen amigo Brian Tracy dice que es esencial tener tanto un método para lograr las metas como una manera de medir si nos estamos moviendo hacia ellas o no. Es importante definirlas desde el punto de vista cualitativo, pero también desde el cuantitativo.

De acuerdo a Brian, cuando defines tus metas desde lo cualitativo, determinas cómo pensarás y te sentirás como resultado de haber alcanzado esa meta. Te imaginas el sentimiento de orgullo, satisfacción, gozo, felicidad, amor, paz y placer que tendrías si alcanzas la meta perfecta para ti, según la hayas definido.

Defines una meta desde lo cuantitativo al ponerle números específicos que te dan un blanco al cuál apuntarle y te permiten rastrear tu progreso. Si no es medible, no es manejable.

Por ejemplo, muchos de los que dicen que quieren ser independientes en el aspecto financiero, cuando se les pregunta lo que eso significa para ellos casi siempre lo más concreto que dicen es que "quieren ser millonarios" lo cual es una meta muy ambigua. Independencia financiera significa que tienes suficiente dinero como para no volver a preocuparte por él. Entonces la pregunta es: ¿cuál es tu cifra? ¿Cuánto dinero necesitarías en realidad para lograr tu independencia financiera?

Una de las mayores dificultades que enfrentamos con muchos nuevos distribuidores es lograr que traduzcan su deseo de triunfar y obtener libertad financiera en acciones y metas concretas que les permitan llevar su negocio hacia adelante.

¿Por qué y cómo fijar metas? He aquí algunos pasos que aumentan en forma dramática la probabilidad de que tu viaje sea un éxito y realices los sueños que deseas materializar con tu negocio:

1. Decide con exactitud lo que quieres en cada área de tu vida. Sé específico. Define tu meta de una forma tan clara que un niño lograra entenderla y explicársela claramente a otro niño. Por ejemplo, en lugar de decir: "Quiero ganar mucho dinero" debes ser claro respecto a cuánto es "mucho". No lograrás estar motivado a cumplir una meta que no es clara. Recuerda que metas borrosas producen resultados borrosos.

2. Escribe tu meta y hazla cuantificable. Una meta que no está escrita es apenas una ilusión, no posee energía. Cuando la haces cuantificable creas un blanco claro al cuál apuntarle. Imagínate, como te lo planteé antes, lo absurdo que sería jugar un partido

de futbol sin arcos. ¿Hacia dónde te mueves? ¿Cuál es el objetivo?

3. Establece una fecha límite. Sé claro con respecto a cuándo quieres llegar a tu meta. A tu mente subconsciente le encantan las fechas límite porque ellas activan tus poderes mentales y te mueven hacia adelante. Los famosos "un día de estos" o "será cuando Dios quiera" no te van a llevar a ningún lado. En el negocio debes tener metas anuales, mensuales, semanales y hasta diarias. Esa es la única manera de asegurarnos de que estamos trabajando con disciplina en el desarrollo de nuestro negocio. Quien no le asigna una fecha específica a su meta es porque no está comprometido con ella o no cree que vaya a lograrla.

4. Identifica todos los obstáculos que tendrás que superar para alcanzar tu meta. ¿Qué podría salir mal? ¿Qué se interpone entre tú y tu meta? ¿Por qué no la has alcanzado? ¿Qué te está limitando? Mientras mejor identifiques todos los posibles problemas y dificultades, más preparado estarás para resolverlos en caso de que se presenten.

5. Determina el conocimiento y destrezas adicionales que requerirás para alcanzar tu meta. Recuerda: para lograr algo que nunca antes has logrado tendrás que aprender y practicar algo que nunca antes has hecho. Lo que te trajo hasta donde estás hoy no es suficiente para llevarte más allá. Cada nueva meta requiere de la adquisición y aplicación de una nueva pieza de conocimiento y de una nueva

destreza. ¿Qué es eso en tu caso? La claridad es esencial e importante en el mundo del multinivel ya que muchas de las actividades y tareas involucradas en el desarrollo de una red de mercadeo son nuevas para la mayoría de los distribuidores que empieza su negocio. Su éxito depende en gran medida de su compromiso para convertirse en estudiantes del negocio.

6. Determina cuáles son las personas cuya ayuda y cooperación necesitas para alcanzar tu meta. Para cumplir metas grandes necesitarás la ayuda de mucha gente. Mientras más claridad tengas sobre quiénes son esas personas, mayor posibilidad habrá de ganar su cooperación y apoyo. Como ya lo he mencionado en varias ocasiones, este es un negocio de gente ayudando gente. Sin embargo, la responsabilidad de buscar ayuda es de cada nuevo distribuidor. El patrocinador, la empresa y el liderazgo de la organización están dispuestos a prestarte toda la ayuda necesaria para que tu negocio sea un éxito, pero es tu responsabilidad buscar dicha ayuda.

7. Haz una lista de todas tus respuestas a las preguntas anteriores y organízalas en orden de prioridad. ¿Qué debes hacer primero? ¿Qué es lo más importante? Una lista organizada de actividades de acuerdo a tus prioridades es un plan, una serie de tareas que sin lugar a dudas te llevarán a tu meta, a tu destino.

Los siete pasos anteriores son ineludibles para alcanzar cualquier meta que te propongas de la manera más eficiente.

En *Plan de vuelo* Brian comparte una fórmula para determinar tu meta más importante. Con esta fórmula transformarás tu vida y alcanzarás esa meta primordial a tiempo. Consiste en cuatro pasos sencillos.

Paso Uno: Usa el método de las diez metas

Toma una hoja de papel en blanco y escribe la palabra "Metas" y la fecha de hoy en la parte superior. Escribe diez metas que te gustaría alcanzar. Imagínate que no tienes ningún tipo de límites. Escribe diez cosas que te gustaría ser, tener o hacer en el futuro, como si fuera un hecho que sucederán.

Estas son algunas pautas:

1. Escribe en tiempo presente, como si ya hubieras alcanzado tu meta. En lugar de escribir "voy a ganar $$$ cada año" escribe "gano $$$ cada año". Tu subconsciente solo registra comandos que están redactados en tiempo presente.

2. Escribe en forma positiva. En lugar de escribir, "no voy a continuar con una vida sedentaria" (negativo), escribe "vivo una vida activa y saludable" (positivo).

3. Escríbelo en primera persona. Para este ejercicio y por el resto de tu vida comienza cualquier meta con el pronombre "yo". Tú eres la única persona en el universo que puede usar el "yo" haciendo

referencia a ti mismo. Cuando comienzas una frase positiva con "yo", tu frase es aceptada de inmediato por subconsciente como un comando importante que viene de la oficina principal.

Cada una de tus diez metas debería comenzar con el término "yo", estar en tiempo presente, de forma positiva y terminar con una fecha límite: "antes de_____."

Paso Dos: Selecciona tu meta más importante

Una vez hayas escrito tus metas, imagina que, tarde o temprano, las alcanzarás todas, si las deseas con la fuerza suficiente. Pero también imagina que podrías escoger cualquiera de estas metas y comenzar a trabajar en ella dentro de las próximas 24 horas. Pregúntate: ¿Cuál meta en esta lista, si la alcanzara en este momento tendría el mayor impacto en mi vida? Una vez la identifiques, decide que este será tu mayor propósito a mediano y corto plazo.

Paso Tres: Desarrolla un plan de acción

Escribe esa meta al comienzo de una hoja en blanco. Asegúrate de escribirla en tiempo presente, de forma positiva y en primera persona, describiéndola como si ya la hubieras logrado, y establece una fecha para completarla.

Haz una lista de las dificultades que tendrás que superar, la información y destrezas adicionales que necesitarás y las personas cuya colaboración requerirás para lograr esta meta. Organiza esta información para crear un plan y luego procede de inmediato para comenzar a moverte hacia tu destino.

Paso Cuatro: Practica la lluvia de ideas sobre tu meta

La lluvia de ideas te obliga a concentrarte de manera intensiva en cómo alcanzar tu meta. Toma otra hoja de papel y escribe, en forma de pregunta, tu mayor propósito definido. Por ejemplo, si tu meta es financiera, podrías escribir, "¿Cómo hago para ganar $$$ antes del 31 de diciembre de_____?"

Luego disciplínate a escribir 20 respuestas a esta pregunta. Pueden ser más, pero debes obligarte a identificar mínimo 20 respuestas a tu pregunta.

Tus primeras tres a cinco respuestas serán moderadamente simples. Seguramente escribirás que harás más de aquello o lo otro. Las siguientes cinco respuestas serán más difíciles y requerirán mayor creatividad. Las últimas 10 respuestas requerirán una concentración increíble y disciplina. Tendrás que explorar con mayor profundidad los recursos de tu mente creativa para alcanzar tu meta de 20 respuestas.

Una vez hayas generado esas 20 respuestas selecciona una de ellas y procede inmediatamente. Esto es muy importante. Cuando procedas con una de estas ideas desbloquearás tus reservas innatas de creatividad. Todo el día tendrás nuevas ideas para resolver tus problemas y alcanzar tus metas. Comenzarás a funcionar a niveles excepcionales.

Si no haces algo de inmediato con por lo menos una de esas ideas, el flujo de creatividad perderá el ritmo y se detendrá. Tendrás muy poco beneficio. No pasará nada. Hay una relación directa entre qué tan rápido procedes con tu nueva idea y qué tan posible es que algún día procedas con cualquier idea nueva en el futuro.

Cuando desarrolles el hábito de intensa orientación a la acción, pondrás el pie en el acelerador de tu propio potencial. Comenzarás a moverte con gran rapidez hacia tu meta más importante. Lleva a cabo este ejercicio con regularidad. Cada vez que estés pasando por un tiempo de transición o necesites planear un nuevo destino haz una lista de 10 metas, selecciona la más importante y disciplínate para generar 20 formas para alcanzarla. Luego selecciona una idea y procede de inmediato.

Proyéctate hacia el futuro en tu mente hasta la fecha límite para alcanzar tu meta. Imagina que todo ha funcionado a la perfección y que has alcanzado tu destino tal como lo habías planeado y en el tiempo establecido. Mirando hacia atrás desde la perspectiva del éxito, en el futuro, hasta dónde estás en hoy, completa esta frase con por lo menos 20 respuestas: "Yo alcancé esta meta porque yo...". Escribe todo lo que se te ocurra que pudiste haber hecho para asegurar tu éxito.

A continuación, toma otra hoja de papel y ahora completa la frase desde la perspectiva del fracaso: "Yo fracasé en alcanzar la meta porque no...". Haz una lista de todo lo que hubieras podido hacer pero no hiciste y por consiguiente fracasaste en llegar a tu destino.

Esta combinación de ejercicios te obliga a pensar con mayor claridad que la mayoría de las personas. Al completar estas frases con 10 o 20 respuestas verás de forma inmediata qué debes y no debes hacer para asegurar tu éxito.

Para finalizar, resuelve hacer algo cada día sin ninguna excepción hasta que alcances tu meta. Comienza a hacer algo y continúa haciéndolo. Recuérdate a ti mismo que, en lo que respecta a tu meta más importante, el fracaso ¡no es una opción! Si desarrollas esta estrategia con tus metas del negocio, ten la plena seguridad de que llegarás tan lejos como te lo proponGas. Recuerda, los que triunfan en el negocio no son los que más talento tienen, sino los que tienen un mayor deseo de ver sus sueños hechos realidad y están dispuestos a pagar el precio por la realización de dichos sueños.

Puntos de acción

1. Solo el 3% de las personas tiene metas claras y escritas con planes para alcanzarlas. Como resultado, solo este 3% trabaja en sus metas más importantes todos los días. La mayoría de quienes ingresan a una red de mercadeo tiene una idea poco clara de lo que desea alcanzar con su negocio. Más que una meta, lo suyo es un deseo, un anhelo de cambiar algo en su vida, una inconformidad. Una de las mayores dificultades que enfrentamos con muchos nuevos distribuidores es lograr que traduzcan su deseo de triunfar en acciones y metas concretas que les permitan mover su negocio hacia adelante. Asegúrate de dar los pasos delineados en este capítulo para convertir todo sueño en una meta, toda meta en un plan y todo plan en acciones concretas y realizables de inmediato.

2. Un componente esencial de cualquier plan de acción debe ser la decisión de no darnos por vencidos hasta lograr los objetivos propuestos. Por esto debemos saber cómo responder ante aquellas situaciones que con frecuencia nos hacen desistir de manera que estemos preparados cuando se presenten. Cuando enfrentes un nuevo reto en tu negocio, antes de decir "¡imposible!". toma un momento para pensarlo; formúlate algunas preguntas importantes como por ejemplo: ¿es esto en realidad imposible o solo difícil? ¿Cuáles de mis

talentos y habilidades me ayudan a desempeñar esta labor de mejor manera? ¿Cómo puedo ser más eficiente en esta tarea? ¿Cómo voy a obtener esos resultados con menos esfuerzo? Elimina de tu vida aquel hábito de fracaso que nos invita a renunciar a nuestros sueños a la menor señal de dificultad.

www.ingramcontent.com/pod-product-compliance
Lightning Source LLC
Chambersburg PA
CBHW030523080526
44586CB00011B/303